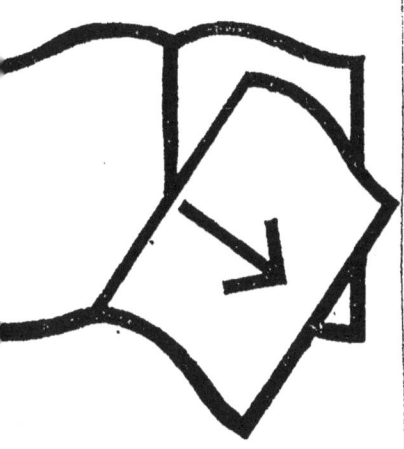

Couverture inférieure manquante

Début d'une série de documents en couleur

Un franc le volume
NOUVELLE COLLECTION MICHEL LÉVY
1 fr. 25 c. par la poste

AUGUSTE MAQUET

DETTES DE CŒUR

CALMANN LÉVY, ÉDITEUR
ANCIENNE MAISON MICHEL LÉVY FRÈRES
RUE AUBER, 3, ET BOULEVARD DES ITALIENS, 15
A LA LIBRAIRIE NOUVELLE

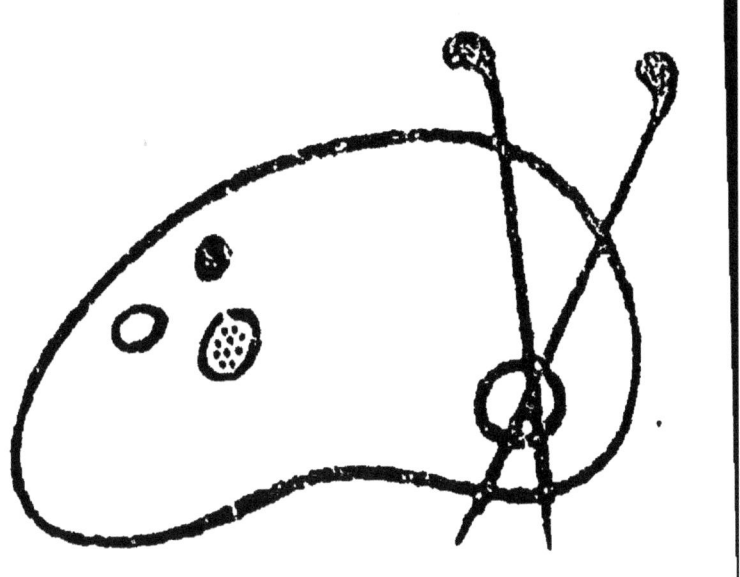

Fin d'une série de documents en couleur

DETTES DE CŒUR

CALMANN LÉVY, ÉDITEUR

DU MÊME AUTEUR

Format grand in-18

LE BEAU D'ANGENNES.............................	1 vol.
LA BELLE GABRIELLE.............................	3 —
LE COMTE DE LAVERNIE...........................	3 —
DETTES DE CŒUR.................................	1 —
L'ENVERS ET L'ENDROIT..........................	2 —
LA MAISON DU BAIGNEUR..........................	2 —
LA ROSE BLANCHE................................	1 —
LES VERTES FEUILLES............................	1 —

ÉMILE COLIN. — IMPRIMERIE DE LAGNY.

DETTES DE CŒUR

PAR

AUGUSTE MAQUET

PARIS
CALMANN LÉVY, ÉDITEUR
ANCIENNE MAISON MICHEL LÉVY FRÈRES
3, RUE AUBER, 3
—
1892
Droits de reproduction et de traduction réservés.

DETTES DE CŒUR

I

Il y a quatre ans, en hiver, un grand vieillard sec et frais, une de ces figures sérieuses et sereines que le peuple nomme si bien figures respectables, M. de Bierges, conseiller à la cour des comptes, montait lentement les degrés d'un large escalier rue de l'Université, faubourg Saint-Germain. Six heures et demie sonnaient, l'heure du dîner. Soigneusement enveloppé dans sa redingote ouatée, il posait le pied sur chaque marche à de longs intervalles, comme un convive qui craint d'arriver le premier.

Cependant, telle ne devait pas être sa préoccupation, puisqu'il avait lu au bas de sa lettre d'invitation : *Nous serons seuls pour causer à l'aise.*

Que pouvait avoir à lui dire la baronne Chaudray, son hôtesse, et pourquoi ce dîner en dehors du mercredi de chaque quinzaine ? Voilà le problème qu'agitait M. de Bierges, et qu'il n'avait pas encore résolu, quand, à bout de conjectures et de degrés, il dut s'arrêter au deuxième étage et saisir le bouton du timbre.

Mme la baronne Chaudray, femme du célèbre savant de ce nom, du baron Chaudray, membre de l'Institut et de toutes les académies européennes, était, à quarante-cinq ans, non pas une femme agréable, mais la plus agréable de toutes les femmes. Grande, grosse et laide, avec une voix charmante et toutes les grâces d'une parfaite maîtresse de maison parisienne, elle avait su attirer et garder chez elle, bien à elle, le meilleur monde cosmopolite qui, autrefois, hantait le cabinet du grand naturaliste. Devenu son mari, M. Chaudray lui avait apporté en dot deux ou trois cents amis illustres collectionnés en Suède, en Russie, en Pologne, en Italie, en Angleterre, en Allemagne. Chacun de ces grands noms, il l'avait cueilli avec une plante inconnue, pêché avec une coquille rare, piqué avec un insecte précieux. Jamais Chaudray n'était revenu d'une excursion lointaine, sans rapporter une ou deux douzaines d'amis nouveaux, qui devenaient amis éternels en le connaissant homme après l'avoir admiré savant. Dix grands voyages, ses campagnes à lui, avaient complété la collection; et son cœur, si grand, si bon qu'il fût, n'en eût pu contenir davantage; de même que sa poitrine, un peu maigre, avouons-le, n'eût pu loger une croix de plus dans le médailler universel qui la constellait.

Mme Chaudray, qui n'avait pas tant voyagé, apporta moins d'amis, mais plus d'argent dans la communauté. Elle était veuve d'un riche fabricant de produits chimiques, demi-savant, toujours en arrêt devant son illustre confrère de l'Institut, qu'il fournissait d'arsenic et d'alcools. Toutes les décorations, toutes les belles connaissances de Chaudray avaient souvent fait rêver l'ambitieuse marchande. En sorte qu'elle ne crut pas offenser le défunt en déposant son million aux pieds d'un pareil successeur. Quant à elle, la nouvelle baronne pressentait bien tout ce qu'elle gagnerait au marché.

Mariés depuis dix ans, le savant et sa baronne n'avaient pas une minute regretté leur liberté. Chaudray, tout entier, le jour, aux trois règnes, retrouvait avec bonheur, le soir, un salon où ces trois règnes étaient représentés par les plus charmantes femmes, les plus gros diamants et les plus suaves fleurs. La baronne, parée tout le jour de la gloire de son mari, trônait à son tour une fois la semaine dans ce salon brillant, sa collection à elle; spirituelle, engageante, tenace dans ses projets, elle était véritablement reine d'un monde d'insectes à cravate blanche ou à corset de satin, les plus précieux et les plus parfaits de la création, à ce que prétendent les naturalistes.

Telle était l'hôtesse qui attendait à dîner M. de Bierges, et l'avait engagé à venir causer avec elle. Le conseiller entrait dans la soixantaine. Homme intelligent, irréprochable, vieux fleuron d'aristocratie, il avait conquis l'amitié de la baronne en l'aidant de sages conseils et d'une aimable médiation lors de son mariage avec Chaudray. Sans doute, on l'eût souhaité un peu plus illustre, un peu plus ambitieux. Certes, c'était un sujet peu rare qu'un référendaire parmi tant de curiosités vivantes; mais, nous l'avons dit, la baronne était bonne et sensée. Elle savait que M. de Bierges avait un fils, un vrai trésor, un héros. Ce fils, âgé de vingt-sept ans à peine, était si beau, si charmant, si noble et si sage, on le disait si merveilleusement doué, qu'avec un peu d'aide il devait atteindre au faîte des gloires humaines, dans une société qui, disons-le, si elle force trop souvent l'homme de génie à replier ses ailes, l'encourage toujours, au début, à les déployer.

— Oui, dit la baronne au conseiller entre deux serrements de main bien affectueux, j'ai voulu vous voir de bonne heure aujourd'hui. Grande nouvelle!... Mais d'abord, êtes-vous bien certain que votre fils Armand viendra ce soir ici?

— Il me l'a promis, madame, et sans effort; il

aime avec une sorte de passion votre maison et vous-même.

— A la bonne heure ! S'il me manquait ce soir, il renverserait le plus bel édifice... J'aurai beaucoup de monde ce soir.

— Ah ! dit le conseiller, à qui ces prolégomènes révélaient la gravité du sujet.

— Oui... le plus de monde possible, car vous savez qu'on a encore du mal à faire sortir de chez eux certains de nos amis depuis cette république.

La baronne soupira. Elle n'était pas républicaine. M. de Bierges sourit. Il était républicain encore moins qu'elle.

— Bah ! dit-il, est-ce qu'il y a une république ? Ne voyez-vous pas que les pavés sont remis à leur place ?

Elle daigna sourire à son tour.

— Je me hâte, ajouta-t-elle, de vous instruire quelque peu avant que M. Chaudray ne nous arrive. C'est qu'il ne soupçonne rien de mon petit complot, voyez-vous, et il ne faut pas qu'il soupçonne ; il est rêveur et distrait à ce point qu'il nous vendrait à la première occasion.

— Vous conspirez donc, madame ? dit le conseiller.

— Oui, pour vous, ou plutôt pour votre fils. Écoutez-moi.

M. de Bierges ne faisait que cela depuis un quart d'heure.

— Sachez d'abord, continua la baronne en allant

chercher sur le bras du fauteuil la main fraîche et pâle du conseiller, sachez que vous êtes mon meilleur ami, et que je vous considère comme un frère.

Cette fraternité, la baronne en usait comme formule avec les jeunes gens, ou avec les vieillards : ceux-ci, bien flattés d'être ainsi rajeunis; ceux-là, très-honorés d'être ainsi mûris par la sœur de quarante-cinq ans. Mais, respectée, aimée de tous, Mme Chaudray récoltait toujours quelque gracieuseté en échange de cette avance.

Le conseiller lui baisa la main.

— Donc, je vous aime, votre fils et vous, dit-elle. Vous, homme sans désirs, sans fièvre, un peu indolent, tranchons le mot, vous n'accepteriez peut-être rien de moi ; mais votre fils n'a pas le droit de refuser l'activité que je veux lui offrir. Il a été sous-préfet avant 1848; il serait préfet aujourd'hui sans cette révolution absurde. On pense, non sans raison, que tout ceci ne durera pas; préparons-nous à bien soutenir le vent sitôt qu'il nous soufflera en poupe. Combien donnerez-vous à votre Armand pour le marier ?

— Pour le marier ? s'écria M. de Bierges.

— Oui.

— C'est selon, madame.

— La femme que j'ai en vue pour lui possède en propre, aujourd'hui, dix-huit cent mille francs.

Le conseiller bondit sur sa petite chaise capitonnée.

— Et je crois bien qu'il lui en reviendra autant à la mort de ses parents, ajouta la baronne.

— Mais, madame, murmura le conseiller, vous me croyez peut-être plus riche que je ne suis. L'habitude de l'économie, mes goûts simples et la bonne conduite d'Armand me permettent de paraître millionnaire avec trente petites mille livres de rente. Qu'est-ce que cette goutte d'eau dans l'océan d'or de votre nabab ?

— L'argent ne fait rien à l'affaire, reprit sérieusement la baronne. La femme que je voudrais voir épouser votre fils est raisonnable, désintéressée, tout à fait mûre.

Le conseiller fit un nouveau bond sur son siége de torture.

— Mûre !... dit-il en gémissant. Car il ne pouvait s'empêcher de craindre que la future n'eût quarante ans. Or, comment manifester cette appréhension devant une femme de quarante-cinq ?

— Aussi mûre qu'on peut l'être à dix-neuf ans, interrompit la baronne avec un indulgent sourire, car elle n'a que dix-neuf ans, ma mariée, rassurez-vous, je ne crois même pas qu'elle les ait encore.

Le conseiller joignit les mains comme un naufragé sur sa planche de salut.

— Elle est de plus très-jolie, très-bonne et très-bien élevée.

— C'est une perle alors ! s'écria M. de Bierges.

— Croyez-vous donc qu'ici l'on daigne classer la

cornaline ou le strass? Fi donc! si je marie votre fils, c'est dans le but qu'il me bénisse chaque matin de sa vie. La jeunesse, la beauté, la douceur, l'esprit de sa femme, seront pour lui; les trois ou quatre millions qu'elle lui apporterait seront pour son ambition. Tâchez qu'il en ait. Je l'ai poussé à donner sa démission en 48...

— Rendez-lui justice, madame; sa démission était envoyée quand vous lui en parlâtes.

— C'est vrai. Et puis il s'est bien battu en juin. Je le voyais de mes fenêtres, derrière le matelas qui me servait de gabion; toujours son grand corps abritait mon pauvre petit Chaudray, qui, lui aussi, avait voulu descendre dans la rue. Je me suis juré que tout cela serait payé à votre fils. Vous verrez si je tiens parole.

— Amie incomparable! s'écria le conseiller avec effusion... Quoi! vous espérez qu'un tel mariage pourrait réussir!

— Pour peu que votre fils plaise à la jeune personne. Ah! voilà, vous souriez, vous êtes un orgueilleux père, vous ne doutez pas du succès à cette condition. Là, là!... prenez garde, nous avons affaire à une femme difficile!... Aux premiers mots que j'ai prononcés, aux premiers mots que l'on m'a répondus, je n'ai pas jugé la chose aussi aisée que votre fatuité se l'imagine.

Le ton légèrement sec avec lequel la baronne articula cette phrase calma l'élan du conseiller.

— Armand est loin d'être parfait, murmura-t-il; mais je le garantis aussi près de la perfection que qui que ce soit en ce monde. D'ailleurs, ce n'est pas moi qui dis cela. Vous savez, à cet égard, l'opinion de quelques dames... difficiles et connaisseuses.

— Eh oui ! eh oui ! s'écria en riant la baronne; mais il ne s'agit pas de ces dames-là. Celle dont il s'agit n'est pas connaisseuse du tout, et cependant elle a ses exigences, je vous en réponds, et cependant il faut qu'on lui plaise, oui ou non.

— Au moins serez-vous assez bonne, dit le conseiller, pour nous aider, nous diriger.

— Non! non! n'y comptez pas, répliqua la baronne avec une impétueuse franchise. J'ai promis de ne rien dire, de n'influencer personne. Je me suis engagée à faire voir M. Armand de Bierges tel qu'il est, ni plus, ni moins, et aussi naturel qu'on peut le désirer aux bougies d'un salon, sous un habit noir. Je ne ferai pas un geste, je ne dirai pas un mot qui contrarie ce programme. Il y a plus, vous allez me promettre, vous, me jurer, entendez-vous bien, que, ce soir, vous n'ouvrirez pas la bouche à votre fils de ce mariage ou des projets qui s'y rattachent. Allons, jurez, ou il n'y a rien de fait.

— Madame... balbutia le conseiller, vous êtes pressante...

— Et pressée, car, je vous le répète, si M. Chaudray arrive, nous nous mettons à table, et adieu notre conversation. Non, je ne veux pas que cette jeune fille soit surprise ; elle vaut votre fils, tout au moins, et si je m'occupe d'un contrat de mariage, c'est pour le faire complétement synallagmatique, comme vous dites, vous autres juristes. Ainsi, récapitulons : votre cher Armand entre, beau et gracieux comme il est ; vous vous laissez gravement serrer la main par lui à quelque table de whist où je vous aurai rivé. Puis, plus une parole de toute la soirée à ce fils parfait. Autre chose... celle-là je pourrais me dispenser de vous la prescrire, vous sachant délicat et fin comme vous l'êtes : ne regardez pas trop toutes ces jolies têtes blondes ou brunes qui oscilleront autour de vous ce soir. Cela vous étonne?... J'ai donc bien fait de parler, puisque vous ne m'avez pas comprise malgré votre délicatesse... Non-seulement une fille à marier regarde son futur, mais elle regarde aussi le beau-père. On tient énormément à la figure du beau-père ; donc vous serez bien regardé. N'allez pas croiser vos yeux avec ces beaux yeux-là, qui m'accuseraient peut-être de vous avoir confié leur secret.

— Toutes vos volontés seront scrupuleusement obéies, dit le conseiller.

— Moi, fidèle à ma promesse, je laisserai notre jeune paon faire sa petite roue, je l'y exciterai ; fiez-vous à moi. Je ne veux pas qu'il déplaise.

M. de Bierges se leva pour remercier chaleureusement son amie.

— Vous n'avez pas juré, dit-elle avec un affectueux sourire.

Il étendait la main, sérieux comme un tragique, quand le baron Chaudray entra bruyamment, non sans s'entortiller un peu dans l'épaisse portière de tapisserie à bandes de velours qui calfeutrait le boudoir de madame. Après les étonnements et les poignées de main, on passa dans la salle à manger, et le dîner s'accomplit sans autre particularité remarquable qu'un redoublement d'appétit sous lequel M. de Bierges cachait peut-être ses paternelles préoccupations.

II

Le monde est pour le monde un attrait suffisant sans doute ; mais la baronne Chaudray connaissait l'art d'ajouter à cet attrait des excitations nouvelles. Lectures, musique, apparitions d'étoiles, toujours quelque friandise intelligente lui servait d'amorce et lui garantissait d'avance un salon bien plein.

Je ne me souviens plus quelle était l'amorce ce soir-là, mais jamais la réunion n'avait été plus brillante. Par une gelée norwégienne qui diaprait les vitres de blancs panaches micacés, toute la belle société septentrionale s'était donné rendez-vous chez la baronne. Attirées, sans doute, comme des hermines, par ce beau froid tout national, les Suédoises aux fines épaules, les Russes enfouies sous la martre zibeline, les Polonaises éblouissantes de la fraîcheur d'un sang généreux arrivaient en foule, escortées d'un monde de ducs, de princes et de héros des légendes sarmates et scandinaves. Çà et là quelques noms français se risquaient, froides et timides syllabes, dans le cliquetis solennel des désinences étrangères, et, timides comme leurs noms, les Parisiennes envahies cherchaient à se grouper pour mieux soutenir le choc de ces vagues moirées, vagues de velours, de diamants et de beauté, qui faisaient à chaque minute leur entrée éblouissante.

Tranquille et souriante comme une autre Amphitrite, la baronne donnait à chaque visite quelque bienvenue de choix qui se reflétait aussitôt sur le visage des nouveaux arrivés. Puis Amphitrite passait à une autre vague.

M. de Bierges, le conseiller, perdu, comme il avait été convenu, à une table de whist, écoutait résonner chaque nom, et, malicieusement placé par son amie de façon à ne voir entrer aucun visage, il continuait ses conjectures, essayant de combiner l'attention qu'un joueur doit à chaque carte qui passe, avec l'attention qu'un père doit accorder à chaque héritière qui entre.

Mais il ne pouvait voir. Mal lui en prit. Il ne vit

pas la baronne tressaillir légèrement quand l'huissier annonça mesdames et monsieur Dampmesnil ; il ne la vit pas serrer les doigts d'une belle jeune fille aux yeux bleus, aux cheveux cendrés, qui entrait avec sa mère et son frère, et à laquelle, tandis que ce jeune homme cherchait des yeux la place où il allait conduire ses deux dames, Mme Chaudray trouva moyen de glisser à l'oreille :

— Il n'est pas encore arrivé, ma chère Lucienne. Le père est cette tête blanche qui joue au whist dans le salon bleu et qui tourne le dos à la porte.

Le regard brillant et noble de la jeune fille prit aussitôt la direction indiquée. Puis comme la route était plus commode et plus sûre par le salon bleu, ces trois personnes s'y aventurèrent. La jeune fille qu'on appelait Lucienne, sut trouver un coin plein d'ombre, du fond duquel, masquée par son frère et sa mère qui ne s'en doutaient pas, elle observa longtemps avec une profonde sagacité le visage du conseiller qu'illuminait pleinement le rayon de feu glissant sous l'abat-jour.

M. de Bierges perdait en ce moment, et, sachant bien qu'il perdait à cause de ses distractions qui désolaient son partner, il souriait. Ce sourire du vieillard était doux et fin, il découvrait des dents encore fraîches. La jeune fille savait que le moment où la vieillesse rit est celui où la tabatière s'ouvre : elle regarda. Pas de tabatière. Le partner généreux offrit la sienne que M. de Bierges refusa courtoisement. Tout cet ensemble et chacun de ces détails plurent sans doute à Mlle Lucienne Dampmesnil, car son visage s'éclaira d'une lueur de satisfaction qui la rendit charmante. Elle regarda une dernière fois le vieillard qui soupçonnait bien peu cet examen formidable, il souriait toujours. Elle sourit aussi, poussa un petit soupir joyeux et passa dans le grand salon.

Là, perdue dans la foule, confondue avec vingt autres femmes aussi jeunes, aussi belles qu'elle, Mlle Dampmesnil, qui avait su se mieux placer que M. de Bierges pour voir au visage chaque arrivant, parut donner toute son attention aux conversations ou à l'excellente musique qui caressaient son oreille, et, de fait, elle n'écoutait rien, elle ne voyait rien, absorbée tout entière dans cette pensée qu'un nom allait d'une minute à l'autre retentir à cette porte, une tête, un corps s'encadrer dans cette porte, et qu'au premier aspect de certaine créature humaine encore inconnue, sa destinée à elle allait se trouver irrévocablement fixée. Ainsi rêvent les jeunes filles.

Ce supplice devait continuer encore. Dix heures, onze heures même passèrent sans que le nom attendu se fût fait entendre. Déjà Mme Chaudray fronçait le sourcil, déjà Lucienne, qui avait échangé avec elle plus d'un coup d'œil, s'efforçait de cacher une impatience voisine du dépit. Quant au conseiller, toute sa diplomatie allait échouer contre la mauvaise humeur que lui causait un retard si malencontreux, lorsque soudain retentirent à la porte ces deux mots :

— Mᵐᵉ la princesse Novratzin !
— M. Armand de Bierges !

La baronne fit à Lucienne un clin d'œil affectueux et s'avança cérémonieusement au-devant de la princesse, que présentait chez elle pour la première fois ce soir-là une noble Polonaise, amie ancienne de Chaudray, la comtesse Sophia Gorthiany.

L'effet que le jeune homme eût pu produire s'il eût été annoncé seul, fut absorbé par l'admiration immense que souleva, dans le salon, cette princesse Novratzin.

L'enthousiasme se traduisit par de si éclatants témoignages, que Mˡˡᵉ Dampmesnil elle-même se laissa distraire à considérer l'étrangère. Superstitieuse, d'ailleurs, elle n'avait pu s'empêcher de remarquer l'étrange coïncidence qui avait lié ces deux noms l'un à l'autre la première fois qu'elle les entendait prononcer.

Quant au jeune homme qui était entré à la suite de ces dames, il était entré si pâle, si embarrassé, les yeux si confus, si visiblement attirés vers la princesse qui le précédait ; il avait si complaisamment disparu dans l'orbite de cet astre, que la première impression de Lucienne, celle sur laquelle elle comptait tant, ne fut, à proprement parler, qu'un désappointement et une souffrance.

Cependant son œil clair et perçant ne quitta pas

M. Armand de Bierges; elle le vit saluer, gauchement, faut-il le dire? la baronne Chaudray, traverser comme s'il marchait sur des pieds de femme les deux salons pour aller saluer son père; quelque temps il resta près de la table de jeu, cherchant un soutien, une contenance; toujours ses yeux revenaient au groupe de dames russes et polonaises parmi lesquelles trônait la princesse Novratzin. Il serait difficile d'exprimer la surprise et l'embarras de cette jeune fille, dont un pareil spectacle renversait de fond en comble toutes les idées.

A la fin, Armand se calma, il rencontra quelques jeunes gens de sa connaissance, on causa d'un air plus libre, on circula. L'homme peu à peu reprenait ses couleurs et sa grâce. Peu à peu, aussi, la tranquillité descendait dans les veines de Mlle Dampmesnil. Celle-ci, après avoir bien observé la princesse et détaillé son incomparable beauté, avait remarqué en elle ce calme, cette aisance d'un cœur absolument dégagé. Pas une fois la tête de Mme Novratzin ne s'était tournée vers le salon bleu, tandis que la comtesse Gorthiany, sa compagne, ne quittait pas ce salon du regard. Lucienne se rapprocha, comme par hasard, du fauteuil de la baronne. Celle-ci, par hasard aussi, fit signe quelques moments après à M. Armand de Bierges, qui accourut aussitôt. Lucienne se détourna bien vite, et, cachant son visage, ouvrit son cœur et ses oreilles. Le piége était tendu; l'escarmouche commença.

III

— *Je l'exciterai à briller*, avait dit la baronne au père.

Celui-ci surveillait sans affectation le moment où brillerait son fils. Un whist ne dure pas éternellement. M. de Bierges se trouvant libre quelques minutes après qu'Armand se fut rapproché de la maîtresse de la maison, il s'en approcha aussi.

Il eut soin de rester au quatrième rang des hommes qui entouraient ce groupe, et, de là, son visage attentif à intercepter un signe de Mme Chaudray semblait dire à la protectrice : Vous voyez que je tiens ma parole et que je ne puis adresser même un coup d'œil à Armand.

La baronne, voyant toutes choses disposées pour a réussite de son épreuve, attaqua franchement la situation. Mlle Dampmesnil, sur une causeuse adossée au fauteuil, ne pouvait être aperçue d'Armand qu'elle entendrait à merveille. Armand, accoudé sur l'angle de la cheminée, posait en pied sans qu'un seul de ses gestes, sans qu'une seule nuance de sa physionomie pût échapper à la jeune fille, dont l'éventail indien, en plumes semées de petits miroirs, réfléchissait le jeune homme soixante fois au lieu d'une.

— Comme vous êtes venu tard, dit la baronne, aux côtés de laquelle était venue s'asseoir la comtesse Gorthiany, splendide Polonaise aux yeux verts, aux cheveux ardents, aux formes antiques hardiment ciselées dans les plis d'un velours nacarat.

— Il faisait beau, madame, répliqua Armand, les rues sont sèches et le ciel étoilé; je suis venu à pied de mon boulevard de la Madeleine, et je compte m'en retourner de même.

La voix d'Armand était douce, légèrement voilée; le charme de la voix est aussi puissant que celui de la beauté; l'amour peut descendre dans un cœur par l'oreille aussi bien que par les yeux.

— Votre salon est brillant ce soir, ajouta le jeune homme.

— Éblouissant, dit la baronne, et les habits noirs doivent se trouver bien petits... S'ils étaient au moins en velours!

— Eh! madame, répondit Armand, les hommes en seraient peut-être moins laids. Mais le lendemain les femmes auraient imaginé pour elles une étoffe près de laquelle notre velours serait piteux comme aujourd'hui notre drap.

— Vous avez donc bien peu d'imagination, messieurs, dit la comtesse Gorthiany. Cependant, paraître beau, c'est quelque chose.

— Nous ne serons jamais beaux comme vous, mesdames, dit un vieux général galant.

— Vous avez bien raison, mon général, interrompit Armand. Voyez donc là-bas Mme la princesse Novratzin avec sa robe blanche et ses roses rouges. Habillez un homme de soie comme les colibris, d'or comme les faisans de la Chine, de lapis-lazuli, d'émeraudes et de diamants comme l'oiseau-mouche, et placez-moi ce gaillard-là auprès de cette femme simple comme un lis, vous verrez sa figure !

— Vous la trouvez donc bien belle ? demanda imprudemment la baronne, tandis que la comtesse Gorthiany, attentive et frémissante, attendait la réponse.

— C'est la beauté même, dit Armand. C'est plus que la beauté, c'est une femme. Il y a bientôt six mois qu'elle est à Paris, je crois, et je l'ai vue, quelques jours après son arrivée, au bal de l'ambassade. Ah ! mon Dieu, m'écriai-je en l'apercevant, voilà une femme ! et je dis cela comme si jamais encore je n'en eusse aperçu. Avouez, mesdames, que vous n'avez jamais, vous, entendu d'impertinence pareille ; car vous êtes toutes bien belles, et plus belles peut-être que la princesse. Que voulez-vous, c'est une folie, une infirmité de mes yeux !

A l'énoncé de cette étrange déclaration, faite à demi-voix au centre du petit cercle, la baronne se sentit frémir. Elle lança au conseiller un regard de stupeur auquel celui-ci répondit par un geste désespéré. Était-ce ainsi qu'Armand allait briller !

La tête de Lucienne s'abaissa sur l'éventail. La comtesse Gorthiany leva ses grands yeux sur Armand avec une expression intraduisible.

Quant à l'auteur de cet esclandre silencieux, il continuait de poser en cariatide sous la gerbe de fleurs de lis jaillissant d'une potiche du Japon. Rien ne l'avertissait des énormités qu'il venait de commettre. Son père le foudroyait en vain de coups d'œil fulgurants, la baronne toussait tout bas. Armand, pareil au juste d'Horace, n'eût pas senti le plafond crouler sur sa tête.

Mme Chaudray, en femme habile, en amie vraie, allait changer la conversation, et peut-être y eût-il eu encore quelque remède au mal. Mais un fâcheux, M. Chaudray lui-même entra dans le groupe, il revenait de l'autre extrémité du salon, il quittait le quartier des belles Russes, et arrivait encore sous le charme.

— Je gage, dit-il, que vous parlez de la princesse Novratzin, cette merveille !

— Vous avez gagné, monsieur, répliqua Armand d'un ton enjoué.

— A-t-on jamais vu pareil enchanteresse ? ajouta le savant mythologique.

— C'est précisément ce que je disais à ces dames, interrompit le malheureux jeune homme à marier

— Il est écrit qu'il y périra, pensa Mme Chaudray.

Et elle abandonna un sauvetage désormais impossible, après avoir en vain marché sur le pied du baron, qui lui baisa gracieusement la main au lieu de comprendre.

— J'ai, reprit-il, connu le prince Novratzin à Tobolsk, il n'était pas marié encore. Comme homme, il vaut presque sa femme.

— Oh ! s'écria quelqu'un.

— A une vingtaine d'années près, interrompit une autre personne, et cette personne c'était Armand !

La baronne, se levant par un dernier reste de charité, interrompit le malencontreux apologiste de la princesse. On voyait sous les boucles dorées de Mlle Lucienne vermillonner deux petites oreilles en feu.

Le groupe se dispersa, cherchant fortune ailleurs. Quelques chuchoteurs commentèrent l'enthousiasme d'Armand. La comtesse Gorthiany, longtemps rêveuse, finit par aller rejoindre son amie la belle princesse comme pour lui trouver quelque imperfection en la regardant de plus près.

Armand était retourné dans le salon bleu, excellent observatoire pour un contemplateur propagandiste. Il y fut suivi par des jeunes gens, ravis de sa profession de foi.

Quant au conseiller, pâle de dépit, éperdu de

crainte, il manœuvrait dans le salon pour rencontrer par une sécante habile la grosse baronne rendue tout entière à ses devoirs de maîtresse de maison. La sécante aboutit ; les deux comploteurs se rencontrèrent dans un vide favorable.

— Eh bien ! madame ? balbutia le conseiller.

— Eh bien ! qu'en dites-vous ?

— J'en tremble encore.

— Il y a de quoi. On eût dit une gageure.

— Oh ! vous avez déployé tant de finesse, tant d'esprit pour le tirer de là, reprit le conseiller.

— Mon esprit et ma finesse ne l'en ont pas tiré du tout, dit la baronne. C'est perdu. La jeune personne en question était derrière moi, pour bien entendre ce que votre fils dirait de spirituel, et je vous réponds qu'elle a bien entendu.

Le conseiller laissa échapper un soupir.

— Je ne sais pas son impression, car je ne l'ai pas questionnée, continua la baronne, mais je la juge d'après moi-même, c'est une affaire manquée, mon cher ami.

Mᵐᵉ Chaudray était déjà loin que le père infortuné se lamentait encore à la même place. Enfin, il prit son parti et se dirigea vers Armand, qui, cette fois, entouré de gens désintéressés, tirait un véritable feu d'artifice aux dépens de la république, laquelle n'en pouvait mais.

— Oui, grommelait tout bas le conseiller furieux, aie de l'esprit ! brille, brille ! c'est bien le moment !

Armand finit par apercevoir sa tête allongée, boudeuse.

—Eh! mon cher père, dit-il avec sollicitude, comme te voilà triste! souffres-tu?

Le père, pour toute réponse, le tira du groupe.

— Ah! je devine, continua Armand, tu as perdu au whist. On m'a conté tes distractions, ta défaite. Trente francs! Père prodigue, tu m'as coûté ce soir trente francs! Voilà pourquoi tu ne parles plus.

— Je fais des économies de paroles, répondit le conseiller sèchement, aigrement. Et je voudrais pouvoir rattraper toutes celles qui ont été dites ce soir.

— Comment? murmura le jeune homme surpris de ce ton et de cette mine insolites.

— J'ai perdu trente francs, continua l'impitoyable vieillard, pour cinq distractions que j'ai eues; mais je connais un spirituel jeune homme qui n'a pas, ce soir, prononcé une syllabe qui ne lui ait coûté vingt mille francs. Ce jeune homme était prolixe aujourd'hui, et j'évalue à quatre millions sa perte de la soirée.

— Que veux-tu dire, mon cher père?

— Rien que ce que j'ai dit. Viens-tu retrouver le boulevard de la Madeleine?

Armand jeta un regard autour de lui. Cette atmosphère de parfums, d'esprit et de beauté, comment la quitter de si bonne heure? Armand hésita.

— Ah! s'écria le conseiller qui avait surpris un vague regard décoché sur le quartier des dames russes, j'oubliais : tu veux rester encore un peu pour regarder Mme Novratzin? A ton aise, mon ami, à ton aise. Reste, tu en as bien le droit pour tes quatre millions.

Là-dessus il quitta son fils. Armand, déconcerté par ce langage incompréhensible, ne songea pas même à le retenir. M. de Bierges soupira encore, et, fuyant l'œil vigilant de la baronne Chaudray, il gagna le vestibule, ensevelit son cœur gros dans sa chaude redingote et disparut.

Il était un peu plus de minuit. Déjà plusieurs fois la princesse Novratzin avait consulté d'un clin d'œil la pendule. Elle se leva enfin, fit quelques tours au bras de M. Chaudray; la baronne essaya en vain de retenir son plus bel astre. A minuit vingt minutes la princesse était partie.

Alors commença la déroute. Il y a presque toujours, dans un salon, parmi tant d'essences diverses, un intérêt principal autour duquel gravitent, pendant toute la soirée, les éléments les plus rebelles qu'entraîne dans son évolution le principe supérieur. Nul n'avoue et chacun sent cette supériorité et cet intérêt. Voilà pourquoi, un quart d'heure après le départ de Mme Novratzin, il s'était fait un vide considérable chez la baronne Chaudray.

Quelques dames, protestant par leur tenacité contre ces fuites significatives, retinrent jusqu'à une heure des petits jeunes gens et des courtisans quinquagénaires ; mais bientôt tout disparut, il ne resta dans le salon que M. Frédéric Dampmesnil, frère de Lucienne, accaparé par M. Chaudray, M*me* Dampmesnil la mère, endormie dans son vaste fauteuil, et Lucienne qui vint s'asseoir près de la baronne, après avoir vu du coin de l'œil M. Armand de Bierges franchir le seuil de l'antichambre.

La baronne prit la main de Lucienne, main froide et fine, aux ongles fermes comme ceux d'un oiseau guerrier.

— Vous me pardonnez, dit la jeune fille, de vous retenir à une pareille heure ; mais j'ai voulu en finir et vous remercier, vous si bonne pour moi.

— En finir surtout, répliqua la baronne avec enjouement, je comprends parfaitement cela.

Lucienne tenait ses yeux baissés, rêveuse plutôt que modeste.

— Pauvre garçon ! reprit la baronne. A-t-il eu du malheur ! Enfin, vous avez voulu le voir naturel ; vous l'avez vu. J'espère que je ne vous l'ai pas fardé. Mais, avouez-le, quelle triste chance il a eue !

— Pourquoi ? demanda Lucienne ; est-ce à cause de ce qu'il a dit de M*me* la princesse Novratzin ?

— Mais je pense que oui, chère enfant ; l'éloge qu'il en a fait m'agaçait horriblement, quant à moi.

— Elle est en réalité fort belle, dit tranquillement Lucienne. Vous voudrez bien m'excuser, madame, si je vous questionne, si je vous fatigue ; mais vraiment je mérite qu'on m'excuse. Me voilà bien seule au monde, avec cette pauvre mère dont l'esprit décline tous les jours. Voyez !

Elle montrait la vieille dame souriant dans son profond sommeil.

— Avec mon frère, plus étourdi que jamais, malgré ses vingt-deux ans, et qui finira par lasser tous les protecteurs fidèles à la mémoire de mon père.

— Oh !... interrompit la baronne, ne craignez rien de ce côté. Le fils de l'amiral Dampmesnil ne lassera jamais l'intérêt public. S'il est un peu frivole, il a de l'honneur, et, vienne une occasion, il tiendra toujours dignement sa place sur un des vaisseaux qu'a commandés votre illustre père.

— Merci pour lui, dit Lucienne émue, et Dieu vous entende ! Alors, ne parlons plus que de moi.

— Voyons, ma belle Lucienne... vous vouliez me questionner ?...

— Sur cette princesse Novratzin... Permettez-vous ?

— Je vais vous dire tout ce que je sais, et un peu de ce que je ne sais pas. La princesse Caliste Novratzin, — elle s'appelle Caliste.

— Un joli nom, dit la jeune fille.

— Un nom du dix-septième siècle. N'importe ! — Caliste était une des pupilles de l'empereur Nicolas. Vous savez que l'empereur de Russie protége comme un père les jeunes filles orphelines de grande noblesse, ou dont les parents ont rendu d'éminents services. Il prit Caliste au nombre de ses pupilles, et la maria, voilà deux ans, je crois, au prince Novratzin, grand seigneur, grand et profond général diplomate, un des riches parmi les riches du vieux parti russe. Toute belle qu'elle soit, tout accomplie qu'on la trouve, il paraît, — ceci sous toute réserve, — que le prince, non seulement ne fut pas charmé de l'alliance, mais qu'il y fit une opposition héroïque. L'empereur tint bon, sa pupille épousa le prince.

— Qui ne s'en est pas repenti, je suppose? demanda Lucienne.

— Ah!... si vous me demandez l'opinion du prince, je ne saurais vous répondre. Il y a là-dessous tout un mystère. Le général Novratzin voyage toujours; on ne l'a pas vu encore deux mois de suite auprès de sa femme. Celle-ci, fière, calme, concentrée, ne laisse rien voir qui trahisse une mésintelligence entre elle et son mari. Lui, courtisan russe, c'est tout dire, n'a jamais proféré une syllabe qui décelât le ressentiment qu'on l'accuse d'avoir conservé contre la protégée de l'empereur. J'espère que voilà du vague et du positif, choisissez. Pour les apparences, Mme Novratzin est parfaitement heureuse et maîtresse, beaux chevaux, bel hôtel, grande livrée, grandes manières, grand train....

— Excellente réputation, je crois?

— Irréprochable. Oh! c'est une femme adorée. On se dispute ses regards comme des pauvres s'arracheraient des perles. L'empereur l'a donnée au prince

Novratzin, mais dix autres la mendiaient. On parle d'un duc de... le nom m'échappe, un boyard, une altesse, qui se meurt d'amour. Jeune, beau, irrésistible, il n'a jamais pu obtenir quatre paroles de la princesse. C'est une femme très-pure, à qui la froideur quelque peu hostile de son mari impose une circonspection de prude. Voilà mes renseignements; vous suffisent-ils?

— Tout à fait. Et je vois que je raisonnais juste, dit la jeune fille avec son sang-froid habituel.

— Voyons votre raisonnement.

— Vous m'avez cru blessée des paroles enthousiastes qui sont échappées ce soir à M. de Bierges?

Lucienne franchit ce nom sans la moindre hésitation, sans le plus léger trouble de ses grands yeux impassibles.

— Ma foi oui, je l'aurais cru, dit la baronne.

— Pourquoi, puisque Mme de Novratzin produit cet effet sur tout le monde, ne l'aurait-elle pas produit aussi sur ce jeune homme?

— Ah! vous êtes trop indulgente, car il s'exprime vraiment trop haut.

— Ce serait une raison pour moi d'être tranquille, répliqua Lucienne. Je suis peu au courant des habitudes d'une passion vive, mais il me semble que les passions sont des secrets, et ne s'exhalent pas complaisamment au milieu d'un salon. Tout ce que M. de Bierges a dit de la princesse était naturel, sincère, et, par conséquent, inoffensif. Je m'appellerais prince

Novratzin, que pas un mot ne m'aurait choqué dans le panégyrique de sa femme.

— Très-bien... dit la baronne stupéfiée par ce flegme allemand.

— Admirer une femme, poursuivit Lucienne, ce n'est pas l'aimer. Dire tout haut qu'on l'aime, ce ne serait pas encore un indice d'amour. Il la trouve la plus belle des femmes... la seule femme qu'il y ait au monde. C'est peut-être vrai; je ne puis m'en offenser. Je ne prétends pas être la plus belle, moi, et quand je le prétendrais, à quoi bon m'irriter?... il ne m'a pas vue, peut-être changerait-il d'avis en me voyant, acheva-t-elle avec un enjouement plein de noblesse, qui fit passer Mme Chaudray de la surprise à l'admiration.

— Je suis loin de vous contester cela, répliqua la baronne, qui mit toute sa science à prononcer ces mots sans ironie.

Mais Lucienne, esprit solide et persévérant, ne s'arrêtait pas à des nuances. Ironie ou sincère politesse, elle ne releva pas le compliment de Mme Chaudray, et poursuivit son syllogisme.

— Donc, dit-elle, rien ne me prouve que M. de Bierges aime cette dame. Savez-vous qu'il en soit amoureux? demanda-t-elle brusquement à son interlocutrice, que cette franche attaque acheva de démonter. Non, n'est-ce pas? vous me le diriez, si vous le saviez, car vous voulez bien vous intéresser à moi, et j'en suis sûre. D'un autre côté, la princesse, avec les principes et les sentiments que vous lui connaissez, ne saurait être une rivalité dangereuse. Cependant j'avoue qu'un homme épris d'une autre femme, même sans espoir, ne serait pas mon fait. Ainsi, réduisons la question à sa valeur réelle. Ici votre appui m'est encore nécessaire, je l'implore, secondez-moi. Tâchez de découvrir, avec tout votre esprit, tout votre tact, cela vous sera aisé, si M. de Bierges aime la princesse. S'il l'aime, n'en parlons plus, et la réponse que je vous dois sur son compte est toute faite; si, au contraire, il n'aime pas Mme Novratzin; eh bien...

— Eh bien ? demanda la baronne, intriguée au suprême degré

— Eh bien! ce jeune homme me convient, dit Lucienne avec son regard calme et son visage nacré. Quant au père, il me plaît beaucoup, et je sens que je l'aimerais.

En disant ces mots, elle se leva, tenant dans ses deux mains les deux mains potelées de la baronne, qui, muette et à demi étourdie, ne trouvait ni un sourire banal, ni une interjection à lui fournir comme réponse.

La jeune fille alla réveiller doucement sa mère en la baisant au front. Celle-ci, sans étonnement, sans embarras, se prépara au départ. Lucienne arracha son frère Frédéric aux descriptions entraînantes, merveilleuses de Chaudray : il s'agissait des Taïtiennes.

— On s'amuse tant chez vous, dit Lucienne au savant, qu'on en oublie l'heure et la politesse.

— C'est vrai, murmura la mère, qui s'était suspendue au bras de son fils.

Ces deux personnes passèrent devant. Lucienne partit la dernière, après avoir serré la main de la baronne, qui la dévorait des yeux, comme eût fait le baron pour quelque phénomène.

— Qu'y a-t-il, ma femme ? demanda le savant, frappé, malgré sa distraction habituelle, de l'anéantissement bizarre où il voyait Mme Chaudray.

Et comme elle ne lui répondait rien, il rentra chez lui en papillonnant.

— Eh bien ! murmura la baronne, revenue près de la cheminée, tandis que les valets commençaient à éteindre feu et bougies, j'ai souvent entendu les hommes dire qu'il est impossible de comprendre quelque chose aux femmes. Cela ne m'étonnait pas, puisque les femmes font tout ce qu'elles peuvent pour n'être pas comprises des hommes. Mais au moins, me disais-je, une femme sait toujours en comprendre une autre. Ma foi non, impossible, j'y renonce à partir d'aujourd'hui.

Elle fit quelques pas dans le salon sombre, puis tout à coup :

— Ce pauvre conseiller, dit-elle, moi qui l'avais noyé du premier coup ! mais il nage ! il nage ! il arrivera, en vérité ! Allumons-lui un phare !

Et l'intrépide maîtresse de maison entra dans son

boudoir, ôta ses gants blancs, se mit à écrire un billet, le perla, le cacheta comme s'il n'était pas deux heures du matin, et montrant l'enveloppe satinée à son valet de chambre :

— Que demain matin de bonne heure, dit-elle, cette lettre soit portée chez M. de Bierges.

— Demain ! murmura le laquais de mauvaise humeur, c'est aujourd'hui !

IV

La nuit était transparente, froide. Le pas des rares promeneurs attardés dans le faubourg Saint-Germain sonnait haut et sec sur les trottoirs. En sortant de chez Mme Chaudray, Armand de Bierges, les deux mains dans son paletot dont le collet de velours relevé lui cachait la nuque et le menton, suivit tranquillement la rue de l'Université pour aller gagner le pont de la Concorde.

Il frappait du pied en marchant, et aspirait avec délices l'air limpide que beaucoup trop de gens s'empressent de remplacer par la fumée d'un cigare. Mais Mme de Bierges, quand elle vivait, avait tant prié son fils de ne pas imiter les autres, qu'Armand, par respect d'abord, puis par conviction, avait renoncé pour jamais à l'ineffable plaisir d'empoisonner ses dents, sa barbe et ses cravates d'un parfum que les plus fanatiques reçoivent avec amour dans leur bouche, et chassent avec horreur de leur antichambre.

Armand était assez occupé de ses pensées, et sa riche jeunesse lui fournissait assez de poésie sans qu'il en allât demander à la régie de France. Après la soirée que nous venons d'esquisser, stimulé par les vrais parfums de la séve et de la vie, le jeune homme bondissait plutôt qu'il ne marchait; son esprit, son cœur et son âme avaient butiné une large provision. Rien n'est fécond et généreux comme ce foyer d'émulation, de progrès qu'on appelle le monde. Ne lui demandez pas le bonheur, mais il vous donne tout le reste.

Sans être un homme du monde, Armand de Bierges aimait les salons, les parures; les femmes dans leur élément, les hommes sur leur théâtre. Il était de ceux qui préfèrent la nature vêtue quand elle est vêtue avec art. Ceux-là se disent qu'ils ont deux merveilles à admirer au lieu d'une. Peut-être ce jeune homme oisif, sous-préfet démissionnaire, flâneur en uniforme de bal, eût-il fait un grand peintre, un écrivain puissant ou un rude militaire; au fond il était tout cela. Ses aquarelles lavées entre deux visites ne le cédaient pas à un chef-d'œuvre de nos maîtres; seulement, il les gardait au fond d'un carton. Ses vers, hélas! qui n'en fait pas? étaient d'admirables vers, moisis sans avoir été recopiés. Poëte et penseur, il n'avait jamais cédé au désir d'imprimer un volume; pas plus que, jarret d'acier, poignet d'Hercule, œil d'aigle, tête à combinaisons, il n'avait paru le fleuret à la main dans un assaut public. Habitué dès l'enfance à briser chaque résistance du corps sous la moindre pression de l'esprit, il se portait comme un Titan, et souriait comme Antinoüs. C'était un homme prêt à tout, bon à tout, et destiné à ne rien faire, comme il y en a des milliers dans cette pépinière trop dédaignée du monde, qui donnerait autant de fruits qu'une autre, si l'arbre dont on a cueilli les fleurs pouvait après fournir les fruits.

Au demeurant, ce jeune homme était digne d'attention. Il ne le savait pas assez pour être fat. Je me trompe, il le savait, mais, naturellement délicat et distingué, il n'eût pu jamais devenir prétentieux. Ces qualités le dominaient dans les plus intimes jouissances. Amoureux, il était timide, non de cette terreur bête qui saisit un adolescent en présence d'une femme remarquable, mais par crainte de devenir commun en s'avançant à l'aide de procédés connus. Ce qu'on perpètre dans les romans ou les comédies, ce que racontent les gazettes, ce qui est traditionnel dans les chansons, il ne l'eût jamais fait de peur d'éveiller un sourire sur les lèvres de la femme aimée qui eût lu ce roman ou ce journal, vu jouer ce vaudeville et entendu chanter ce refrain d'un Pont-Neuf.

Sans une mère, modèle d'élégance et de douce familiarité, qui lui avait affirmé que toutes les choses neuves sont calquées sur des choses vieilles, et que toute jeune fille est la suite et le commencement d'une grand'mère, Armand eût fini par trouver, comme Werther, la vie une routine, l'esprit un plagiat, la passion un moyen dramatique usé; il en fût venu à ne plus respirer, à ne plus parler, à ne plus rire; il eût été stupide et insupportable comme la perfection.

Quelques chocs tant soit peu brutaux le réveillèrent du sein de ces quintessences, il s'humanisa vers vingt ans, il devint imparfait, il était sauvé.

Rattrapons-le dans la rue de l'Université, qui est longue et qu'il n'a pas encore quittée. Sa tête, un peu alourdie par le nombre et la diversité des pensées qui l'occupent, communique insensiblement aux jambes sa pesanteur et son embarras.

— Que voulait dire mon père avec ses gros yeux fâchés ? se demandait Armand. Il était fâché tout de bon. Que lui ai-je fait? Quel sens renferment ces mots menaçants : *Quatre millions perdus!* Comment puis-je bien ce soir avoir perdu quatre millions? Et, enfin, quel rapport peut-il exister entre l'intempérance de langue que mon père me reproche, et Mme la princesse Novratzin, dont il m'a lancé le nom comme une pierre, et à qui je n'ai jamais, pas même ce soir, adressé une parole?...

Le fait est que le jeune homme n'avait jamais parlé

à la princesse. Par suite de ses instincts de poésie, il choisissait bien lorsqu'il se choisissait un thème. Celui-là était le plus poétique de tous, et Armand le savait si bien, qu'il n'avait jamais songé à le traiter en prose. Aimé, recherché partout et maître en dix occasions de se faire présenter à la princesse qu'il retrouvait dans plusieurs salons, qu'il y recherchait, faut-il le dire, car pour être délicat, il n'était pas insensible, il s'était contenté de la voir, de l'admirer ; il n'avait pas une fois salué de façon à attirer son regard, pas une fois élevé la voix pour frapper son oreille.

Et pourtant, par une bizarre coïncidence, dix fois au moins, la comtesse Gorthiany, l'amie ou soi-disant telle de Mme Novratzin, s'était trouvée aux côtés d'Armand, l'avait vu, écouté, frôlé au passage dans une de ces traversées audacieuses au milieu d'un groupe de jeunes gens, comme s'en permettent les femmes de haute volonté, de vue basse, à qui la nature et trente-cinq ans ont donné de gros bras et des épaules insolentes.

Or, quoi de plus facile, si Armand l'eût bien voulu, que d'établir un va-et-vient?

Les yeux de la comtesse une fois arrêtés au passage, — et ils ne semblaient pas éloignés de vouloir bien s'arrêter, — la conversation une fois liée, le droit de saluer une fois acquis, Armand eût abordé l'amie polonaise, seule d'abord, puis au bras de l'amie russe. Il eût fini par placer un mot d'importance, puis deux, puis obtenu tout ce qu'on obtient lorsqu'on le demande : civilités, caquetage, droit de visite peut-être. N'est-ce pas là de quoi rendre un homme bien heureux? Ainsi débutent, dit-on, les plus sérieuses amours. Mais ce procédé de commis voyageur amoureux, plaçant ses échantillons et engageant la pratique, répugnait au jeune homme. Il aima mieux éviter les grands yeux verts de la comtesse Gorthiany que d'attirer les beaux yeux noirs de la princesse Novratzin, de bien beaux yeux, pourtant, dont la chaude prunelle émettait la lumière au lieu de la refléter.

— Pourquoi mon père m'en voudrait-il, continua Armand dans son monologue, de la déclaration que j'ai faite au sujet de Mme Novratzin? Qui ai-je pu blesser, si ce n'est Mme Gorthiany? En sa qualité d'amie, elle doit être jalouse, et mes éloges lui auront percé le cœur. Tant mieux, je n'aime pas les yeux verts.

Ainsi conclut Armand ; et je conclus, moi, que le monologue est parfaitement dans la nature. Puissent se rassurer tous ceux qui se permettent d'en introduire sur le théâtre; et que leurs monologues leur soient pardonnés, s'ils sont utiles à l'action et courts.

Tant que le jeune homme commenta la mauvaise humeur et les aigres paroles de son père, tant qu'il chercha l'énigme des quatre millions perdus, il marcha lentement et le front penché comme Hippolyte. Mais bientôt, résolu à ne se point fatiguer le cerveau pour trouver l'explication qui l'attendait dans quelques minutes au domicile paternel, boulevard de la Madeleine, Armand releva la tête, et respira fortement pour bien se persuader à lui-même qu'il ne soupirait pas, et que ce soupir n'était pas la dernière pression magnétique du souvenir de Mme Novratzin.

Plusieurs pas retentirent derrière lui au moment où il allait quitter la rue de l'Université pour déboucher sur la place Bourbon. Quelques gros nuages venaient du sud, le vent soufflait, une sorte de rafale assaillit l'homme et bouleversa le paletot. Il n'y avait plus une âme en bas ni une étoile en haut.

Au même instant, Armand se sentit entouré par trois hommes, dont l'un, lui faisant obstacle par devant, tandis que les autres le flanquaient étroitement, lui dit d'un ton bref et pourtant poli :

— Êtes-vous M. Armand de Bierges ?

— Mais oui, répliqua-t-il surpris et peu rassuré de se voir connu par de telles gens, à une telle heure.

— En ce cas, continua l'homme, je vous arrête au nom de la loi.

Armand avait bien remarqué qu'on l'arrêtait ; mais l'idée ne lui était pas venue que ce pût être au nom de la loi.

— Je ne suppose pas que vous cherchiez à résister, reprit celui qui avait parlé, et que l'immobilité d'Armand semblait contrarier.

— Non, sans doute, dit le jeune homme ; néanmoins, je croyais avoir entendu dire que, pour arrêter quelqu'un, certaines formes étaient indispensables, même en république.

— Monsieur, nous n'avons pas pour habitude de parlementer dans la rue, objecta l'obstacle. Vous avez, sans doute, des raisons à faire valoir, et de bonnes. Nous autres, nous avons un ordre en bonne forme. Suivez-nous.

— Où me conduit-on ? demanda le jeune homme. Je voudrais le savoir afin de prévenir mon père, qui sera bien affligé, bien inquiet, si je ne rentre pas.

Et Armand, moins stoïque qu'il ne l'eût cru, se sentit légèrement troublé par l'idée du chagrin qu'éprouverait cet ami sans pareil.

Pendant ce colloque, plus court que le plus court monologue, une voiture était sortie de l'ombre, où Armand ne soupçonnait pas qu'elle fût cachée. L'un des alguazils ouvrit la portière, un autre poussa doucement le prisonnier dans l'intérieur ; le chef, expert et habitué, était déjà entré par l'autre portière. Un seul agent accompagna ce chef, le dernier resta dans la rue. La voiture partit rapidement.

Comme tous ces événements s'étaient accomplis en une ou deux minutes, le prisonnier, abasourdi, n'avait pas même remarqué de quel côté on se dirigeait. Il fit un mouvement pour s'en rendre compte.

— Veuillez ne pas remuer, monsieur, lui dit l'agent principal assis à sa droite.

— Enfin, où me conduit-on et pourquoi m'arrêtet-on? Je ne suis pas un malfaiteur, s'écria le jeune homme.

— Ah! ne criez pas, interrompit le voisin.

— Mon père m'attend!

— On préviendra monsieur votre père, si vous êtes retenu ; mais il est possible que vous ne le soyez pas. C'est même probable.

— Je serai toujours retenu au moins cette nuit, dit Armand.

— Un peu de silence, monsieur, dit le gardien laconique.

Armand se tut. Il cherchait à observer, à la dérobée, le visage, l'attitude de ses compagnons. Jamais examen ne fut contrarié par des ténèbres plus opaques. Les vitres étaient levées, et la buée des haleines les avait dépolies. Armand se résigna. Après tout, la république n'était pas celle de Venise. Un commissaire quelconque n'était pas inquisiteur ou membre du conseil des Dix, et la préfecture de police ne donnait pas sur le canal Orfano.

La voiture, après avoir roulé vingt minutes environ, s'arrêta brusquement, et Armand, secoué par le choc, tomba sur l'épaule de son compagnon de droite.

La même manœuvre eut lieu. Ouverture simultanée des deux portières ; le prisonnier, attiré hors de l'une, se trouva descendu et conduit par son gardien le long d'une allée dont la porte avait été ouverte sans qu'Armand s'en rendît compte. Il chercha bien à explorer les lieux, mais tout ce qu'il put saisir, ce fut qu'on pénétrait dans un vestibule noir dont il sentit sous ses pieds la dalle polie. On le menait par un bras, on lui prit la main pour la poser sur une rampe, on l'aida complaisamment à monter les marches d'un escalier étroit.

— Où diable suis-je ? murmura-t-il à demi-voix.
— Chut ! dit sévèrement l'acolyte.

On arriva enfin à un palier. Ce n'était plus de la dalle, mais du parquet que le jeune homme trouva sous ses pas. Une tiède atmosphère succédait à l'air piquant de l'allée, à l'air frais aussi du petit escalier.

Alors le gardien d'Armand, le poussant comme pour le guider dans un corridor, lui fit apercevoir une faible lumière dans l'éloignement.

— Allez toujours droit devant vous, dit-il d'un ton de voix si bas qu'Armand s'en étonna, lui qui s'attendait à tout. Allez jusqu'à la lumière que vous voyez.

— Et vous ? demanda Armand, est-ce que vous n'y venez pas avec moi ?

— Oh ! moi, répliqua l'homme plus bas encore, je n'ai pas besoin là. Je reste ici, pour ne pas entendre ce que vous dira la personne chargée de vous parler.

Cette réponse satisfit le prisonnier. Évidemment, on venait de l'amener chez quelque chef supérieur de la police ou devant quelque directeur de maison de force, auprès duquel l'alguazil n'était qu'un atome. Armand n'hésita pas, il se dirigea sur la lumière qu'il entrevoyait.

La nature du sol changea encore une fois : un bon

tapis succéda au parquet. Armand avança, toujours guidé par le fil lumineux ; il entendit une porte se refermer derrière lui et, naturellement, il ne s'en inquiéta pas, après l'explication qui venait de lui être fournie.

Enfin il arriva à cette lumière après avoir traversé deux chambres, que ce rayon brillant divisait en deux parties sombres.

Mais cette clarté sortait d'une armoire à glace qui ne faisait que la réfléchir. La lumière véritable, il fallait l'aller chercher encore plus loin : Armand la vit dans une pièce à gauche. Cette fois, c'était bien réellement une lumière douce et pâle, tamisée par le cristal dépoli d'un globe revêtu d'un de ces abat-jours en papier de dentelle bleue qui retombent en quatre pans plissés et moelleux.

Armand constata, non sans étonnement, que la chambre était belle, meublée avec un goût exquis; il vit un feu doux comme la lampe rougir le treillis de laiton d'une cheminée de marbre blanc ; le tapis était d'une riche moquette à larges palmes violacées, la tenture, de damas de soie jaune broché. Plusieurs fauteuils, capricieuses nouveautés de formes et d'étoffes diverses, nombre de fantaisies éparses sur une table de Boule accusaient chez M. l'administrateur, chez le haut fonctionnaire des goûts trop délicats pour ne pas rassurer un prisonnier homme du monde, et un prisonnier innocent.

Craignant de regarder autour de lui avec trop

d'indiscrétion et charmé intérieurement d'être assez connu et assez apprécié pour qu'on l'abandonnât sans gardes dans le salon même du magistrat chargé de prononcer sur son sort, Armand se réduisit à une respectueuse immobilité. Il choisit un siége dans le coin de la cheminée le plus obscur, le plus éloigné de toute table et de tout objet. Puis, non sans avoir réfléchi sur la convenance de s'asseoir ou de rester debout, il décida que s'asseoir était une manière plus significative et plus courtoise de témoigner sa sécurité, sa tranquillité de conscience. Il s'assit, non sans plaisir. Le fauteuil était excellent et rendu bien meilleur encore par une longue soirée, passée debout chez Mme Chaudray et par l'émotion de cette arrestation imprévue.

Le corps une fois satisfait, l'esprit fonctionna plus à l'aise. Armand récapitula mentalement ses peccadilles. Avait-il conspiré ? Non. Avait-il provoqué quelqu'une de ces plaintes maritales ou paternelles qui amènent un jeune homme chez le lieutenant de police comme chez un confesseur? Non. Il se rappela bien quelques misères ; mais tellement éloignées en date, que la république n'avait rien à y voir, sous peine de se mêler des affaires d'autrui. — La république... Ah! par exemple, Armand se reprocha d'en avoir souvent parlé avec irrévérence ; ce soir même, il l'avait encore passablement maltraitée ; mais comment oserait-elle s'appeler république si elle ne permettait à tout le monde les plus complètes privautés?

Ce raisonnement parut assez bon au jeune homme, à la condition toutefois que le fonctionnaire qui allait l'interroger ne réclamerait pas la réciproque en faveur de ladite république.

V

Comme il se retournait sur sa chaise, inquiété par l'éventualité de cette fâcheuse réciproque, il sentit sous sa main une étoffe que son mouvement un peu brusque avait probablement entraînée et arrachée à quelque meuble voisin. C'était un magnifique jupon brodé, un chef-d'œuvre à trois rangs d'entre-deux.

Armand prit bien précieusement cet objet, que, grâces à Dieu, nous pouvons nommer en français sans effaroucher personne, et que pas un poëte, il y a quarante ans, n'eût osé appeler autrement que *tissu*, que pas un Anglais, aujourd'hui, n'oserait nommer d'une façon quelconque. Il prit, dis-je, avec un extrême soin ce merveilleux jupon, et se préparait à le déposer sur un canapé, lorsque la porte du boudoir s'ouvrit ; une femme parut, sa main, albâtre diaphane, entre une lumière qu'elle tenait et son visage, — une femme aux cheveux bruns, à demi déroulés sur ses épaules, une femme vêtue d'un long peignoir de batiste blanche dont la ceinture flottait, — une femme qui murmurait une phrase mélancolique de la *Reine de Chypre*, — une femme qui, découvrant le jeune homme à trois pas d'elle, poussa un cri auquel répondit un cri d'Armand, — une femme que celui-ci appelait naguère la seule femme qu'il y eût au monde, la princesse Caliste Novratzin.

Et tandis que pétrifiée, effarée à la vue du jeune homme, elle posait en tremblant sa bougie sur le piano et frappait l'une dans l'autre ses petites mains ; tandis qu'Armand, un nuage sur les yeux, collait sa main au marbre pour se convaincre qu'il vivait bien, soudain, à la porte par laquelle était entré Armand, et que ni lui ni la princesse ne regardaient, un homme de haute taille, d'une belle figure froide et blanche, vêtu d'une longue redingote de voyage, s'arrêta, croisa les bras, contemplant cette scène, et dit d'une voix calme en pur français :

— Mes compliments, madame.

— Mon mari ! balbutia la princesse effrayante de pâleur.

— Le prince Novratzin ! articula Armand, qui sentit un frisson courir malgré lui sur ses épaules, où suis-je donc, et que signifie tout ce qui se passe !

VI

— Je regrette bien, dit le prince avec impassibilité, de causer tant d'embarras à tout le monde. Mais enfin, je tenais à voir et j'ai vu.

— Et quoi donc ? s'écria la princesse. Ce que vous voyez, le comprenez-vous bien, monsieur ? Quant à moi, je doute encore si je ne fais pas un affreux rêve.

— Comment, madame, reprit-il, vous doutez ? Comment, vous n'êtes pas ici, dans votre boudoir, dans votre chambre, pour ainsi dire, car la porte en est à deux pas, et tout ouverte ? Comment, vous n'êtes pas en peignoir de nuit, singulière tenue, par parenthèse, pour recevoir une visite de cérémonie ? Je dis cérémonie, parce que monsieur est en toilette. Mais enfin, il est trois heures du matin, c'est un étrange moment pour rendre des visites.

La jeune femme considéra son mari et Armand avec une expression de curiosité avide qui touchait à l'égarement. Le jeune homme commençait à sortir du chaos, il sentait que c'était à son tour de parler.

— D'abord, monsieur, dit-il, je ne rends pas une

visite à madame, puisque je n'ai pas l'honneur de la connaître.

— Ah ! répliqua le mari, cette fois avec une ironie amère, ah ! vous ne connaissez pas madame ? C'est peu ingénieux et peu poli ; mais enfin, dans la position où vous êtes, on n'est pas tenu d'avoir de l'imagination. Pourtant, si vous ne connaissez pas madame, pourquoi vous trouvé-je chez elle ?

— C'est ce que j'allais vous demander, dit Armand.

— Sans doute, s'écria Mme Novratzin, pourquoi ?

— Eh ! monsieur, eh ! madame, répondit le jeune homme, j'y suis parce qu'on m'y a conduit. Vous m'assurez que je suis chez madame, je veux bien vous croire ; mais je croyais être ailleurs.

— Vraiment ! où donc ? dit le prince toujours ironique.

— Chez le magistrat qui m'a fait arrêter.

Cette réponse si simple — et, nous le savons — si sincère, arracha un rire mauvais au masque glacé du prince.

— Qu'est-ce encore que cela ? murmura-t-il.

— Cela, c'est la vérité, dit Armand le sourcil froncé. Je revenais d'une soirée, je rentrais chez moi bien tranquille, on m'a arrêté au nom de la loi, jeté dans un carrosse et amené ici.

— Ici, comme cela, dans le boudoir de madame ?

— Ici, comme cela, dans le boudoir de madame, répondit le jeune homme qui commençait à se fatiguer de jouer un rôle ridicule.

— Au nom de la loi? continua le prince.
— Je l'ai dit.

On comprend si Mme Novratzin ouvrait, pendant cette scène, les yeux et les oreilles.

— Eh bien, monsieur, reprit le mari, j'ai eu tort de vous reprocher tout à l'heure la stérilité de votre imagination, car la voilà qui fonctionne, et courageusement. Mais la fantaisie même doit avoir un côté vraisemblable. Raisonnons : on vous a arrêté et amené ici?

— Oui.

— Qui cela? des hommes; où sont ces hommes?

— Là, dans votre antichambre.

— Je viens de traverser l'antichambre, et je n'ai vu personne.

— Cependant, je ne suis pas arrivé ici tout seul.

— Pourquoi non?

— Le moyen? dit Armand.

— Le moyen? vous l'aviez, monsieur, et le voici qui tombe de la poche de votre paletot; tenez.

En effet, Armand, par politesse, s'était débarrassé de son paletot en entrant dans le boudoir. Il tenait ce vêtement plié en deux sur son bras, et quelque chose venait de s'échapper de la poche, ainsi que le disait Novratzin.

— Une clef! murmura le jeune homme.

— Oui, monsieur, la clef de la petite grille.

— Quelle petite grille? dit Armand, saisi d'inquiétude et de stupeur.

— Allons, allons, interrompit le prince avec hauteur, c'en est assez. Madame, vous la connaissez bien, cette entrée dérobée, dont seul je croyais avoir une clef particulière. Quant à vous, monsieur, vous la connaissez aussi, puisque vous êtes entré par là. Je pense qu'après un éclaircissement aussi complet, nous n'allons plus jouer la comédie ni les uns ni les autres. C'est le moment des grandes franchises. Je commence.

Armand, les poings serrés, le visage contracté par une terreur qui n'excluait pas une violente colère, prit la résolution de ne plus prononcer un mot sans avoir compris tout à fait. La princesse avait lancé à son adresse quelques regards irrités, méprisants; elle semblait, de l'indifférence de sa neutralité première, avoir passé à une offensive menaçante.

— Si ces gens là, pensa Armand, n'étaient point princes et riches à millions, je dirais qu'ils m'ont tendu un guet-apens comme j'en lis quelquefois dans la *Gazette des Tribunaux*, et que le mari va me faire signer des billets à ordre.

— Madame, reprit Novratzin, je n'ai plus affaire qu'à vous. Si monsieur est ici, ce n'est certainement pas sans y avoir été appelé. Laissons-le d'abord, et à nous deux.

Sur cette apostrophe brutale et nette qui établissait à nouveau toute la situation, la princesse poussa un grand cri, et ses yeux noirs lancèrent un formidable éclair. Mais le mari, sans s'émouvoir, lui imposa silence du geste.

— Oui, dit-il, monsieur a défendu madame, et madame défendrait volontiers monsieur. Mais qu'elle se défende d'abord, ou plutôt, non. J'avais donné cours, cela se conçoit, à une indignation qui, je le sens, a été prolixe. J'ai descendu à des détails, à des interrogatoires ridicules, relevons la question. Que prétendez-vous dire pour vous justifier ?

— Pour me justifier ! s'écria la princesse en fureur.

— Pas de cris. Vous ne criiez pas tout à l'heure avec monsieur !

— Oh ! horreur ! s'écria Caliste en se cachant le visage.

— Votre figure cachée n'est pas une réponse.

— Je ne répondrai pas du tout, dit la jeune femme avec véhémence, en regardant son mari en face.

— Vous aurez tort, madame, car moi je vous accuse et sans subtilités. J'arrive de cinq cents lieues pour vous trouver en faute, et vous êtes en faute... Ne m'interrompez pas, puisque vous ne voulez pas répondre. J'arrive, sachant que vous oubliez tous vos devoirs, sachant que vous êtes un sujet de scandale pour le monde à qui vous devez faire respecter mon nom. J'arrive, parfaitement instruit et de vos démarches et des démarches de votre amant.

— De... murmura-t-elle, suffoquée par un flot de sang généreux qui empourpra son noble visage.

— Ne rougissez donc pas du mot... Ce n'est pas le

mot qui est le crime ! Oui, je sais tout ce que vous faites... je sais, idée par idée, tout ce que vous pensez, et vous voyez si j'interprète juste; puisque j'arrive ici en plein rendez-vous.

— Un rendez-vous ! s'écria Armand hors de lui à son tour; car le bouleversement et la souffrance de la princesse avaient remué son cœur.

— Il est dit que nous ne nous parlons plus, interrompit le prince en le regardant avec arrogance pardessus l'épaule.

Armand pâlit et tressaillit.

— Et moi j'ordonne à monsieur de ne me pas défendre, dit Caliste les lèvres tremblantes. Je ne le connais pas, je ne l'ai jamais vu, je ne lui ai jamais parlé.

— Ah ! dit Novratzin avec son pâle sourire.

— Jamais ! reprit avec force la princesse ; cette arrestation, ces prétextes, cette présence inexplicable, cette clef, je repousse, je démens, je nie tout ; et que Dieu me foudroie, si je comprends.

— Allons donc ! dit Novratzin, voilà ce que j'attendais. Vous niez : c'est téméraire, c'est imprudent, madame. Vous niez que depuis votre arrivée à Paris, vous soyez allée à tous les bals, à toutes les réunions où vous saviez rencontrer monsieur ? Vous niez ces innocents rendez-vous, comme vous niez celui-ci, qui l'est moins ! Mais en vérité, madame, avouez donc quelque petite chose pour qu'on vous croie un peu. Avouez donc au moins le commerce éthéré, spirituel de deux âmes; avouez donc l'amitié, puisque vous êtes décidée à nier l'amour, malgré la maladresse de cette entrevue en peignoir à trois heures du matin.

— Monsieur, je vous jure... s'écria Armand désespéré par l'état où ces insultes si peu méritées jetaient la malheureuse femme.

— Monsieur, remarquez bien que je vous oublie, riposta le prince, cette fois si insolemment et avec un tel accent de mépris, que le jeune homme perdit contenance et marcha sur lui les bras croisés.

— Prince, dit-il, je ne sais pas si vous m'oubliez ou non, mais je sais que ma patience est à bout. J'ai fait, pour rester calme, des efforts qui m'ont conduit à une invincible résolution. Vous parlez trop pour ne pas mentir, pas assez pour m'éclairer; il faut que cela finisse. Vous ne supposez pas que je vais passer en revue tous les griefs que vous avez ou que vous n'avez pas contre madame. Je suis las de ce rôle, qu'allez-vous faire de moi?

Le prince voulut parler.

— Je n'écouterai plus rien, dit Armand, qu'une réponse catégorique. Voulez-vous que je vous attende demain dans un endroit bien neutre, où nous trouverons moyen de nous expliquer? Non? ce n'est pas cela qui vous convient? Vous préférez le terrain où vous êtes, celui de votre domicile, du domicile conjugal dans lequel vous trouvez un amant, car vous persistez à m'appeler l'amant de madame. Très-bien, en ce cas, je ne connais que deux issues à la situation. Envoyez chercher un commissaire de police, ou jetez-moi par une fenêtre. Sans vous donner cette peine, je sauterai. J'ai pour madame, que je ne connais pourtant pas, un tel respect, que, l'enfer fût-il au bas de votre fenêtre avec toutes ses fournaises, je sauterais dedans pour éviter de la compromettre. Ah! ce n'est pas encore cela qui vous arrange, continua le jeune homme, en lisant sur le visage de Novratzin une sombre et farouche expression... Tout Russe que vous êtes, vous avez peut-être envie de profiter du bénéfice de la loi française, elle permet au mari de tuer l'amant : c'est une loi très-agréable. Eh bien, monsieur, soyez tranquille, et ne vous gênez pas, je ne pousserai pas un soupir; s'il vous faut la mort d'un homme pour perdre madame, car vous voulez la perdre, je le sens, vite tirez le couteau du mougik ou le pistolet du boyard. Dépêchons-nous, je suis prêt, je vous attends !

Armand, l'homme distingué qui fuyait avec tant de soin le théâtre dans les choses de la vie, ne se doutait guère qu'en ce moment il représentât dans sa sublime beauté le plus splendide héros de drame qu'on eût jamais applaudi sur la scène. La princesse, électrisée par ce dévouement qu'elle sentit sincère, s'élança vers son mari comme pour lui arracher des mains l'arme qu'elle tremblait d'y voir briller. Mais Novratzin, frémissant et implacable, la repoussa, considéra Armand avec une sorte d'admiration, et lui dit :

— Monsieur, je ne suis venu que pour convaincre madame. Elle est convaincue.

— Nullement! s'écria Armand.

— Je m'adresse à elle, poursuivit le mari avec calme. Madame, vous aimez M. Armand de Bierges, soit. Je ne vous dis pas cela seulement parce que je l'ai trouvé ici; mais parce que sa pensée habite en vous, parce que vous la mêlez à toute votre vie. Allons, ne luttez plus; vous voyez que je ne veux point passionner le débat. Prouver est tout ce que je me propose. Vous n'y avez pas réussi, vous autres, en protestant de votre innocence, moi je prouve. J'objecte à monsieur son admiration pour vous, dont il ne se cache à personne, sa clef de la grille et sa présence dans votre appartement. Je vous objecte, à vous, ceci : tenez !

Et il tira de son portefeuille une feuille d'ivoire enveloppée dans du papier de soie.

— Reconnaissez-vous ce crayon? dit-il en découvrant le dessin pour le faire voir.

Caliste pâlit; elle joignit les mains avec épouvante, puis les étendit comme pour saisir la plaque ; mais le prince se recula et la garda.

— Qu'est-ce donc, demanda Armand, que cette preuve?

Il croyait se parler à lui-même, le pauvre garçon, mais, dans la surprise où le jetait la consternation de Mme Novratzin, il avait parlé tout haut.

— Eh, mon Dieu, répondit le prince, ce n'est pas

un mystère : c'est tout bonnement votre portrait, dessiné par madame, et qui est trop ressemblant pour n'avoir pas été fait d'après nature et trop parfait pour n'avoir pas coûté au modèle et à l'artiste un grand nombre de séances.

— Oh !... s'écria Caliste en se tordant les bras avec désespoir, et elle tomba écrasée sur un sofa, cachant son visage dans les plis du coussin de soie.

Armand non moins saisi, et cette fois frappé d'une peur superstitieuse, regarda, en homme effaré, la princesse qui ne niait plus et le mari qui enveloppait tranquillement la pièce de conviction et l'enfermait dans le portefeuille.

— Il y a magie, murmura-t-il.

— La magie de l'amour, interrompit Novratzin en grimaçant un sourire. C'est ce qu'il fallait démontrer, comme on dit en géométrie. J'ai fini. Monsieur, ni duel, ni commissaire, ni assassinat, vous êtes libre, et comme vous avez la clef de la grille, rien ne s'oppose à ce que vous partiez si bon vous semble. Quant à vous, madame, je ne ferai ni procès, ni scandale. Vous êtes libre également, nul ne m'a vu entrer, nul ne me verra sortir, vous n'aurez à parler de ma visite à personne. Je rejoins deux de mes amis que j'avais amenés à tout hasard, et qui témoigneront au besoin de ma modération et de ma convenance dans toute cette affaire. Ah ! madame, j'avais donc un pressentiment quand je refusais avec tant d'insistance votre main que notre auguste empereur m'a contraint à accepter. Que dirait-il, l'empereur, s'il savait la conduite de sa pupille ? Mais, rassurez-vous, je la lui tairai. Je la tairai à tout le monde, si vous ne me forcez pas, par quelque tort nouveau, à rompre ce silence.

La princesse s'était relevée peu à peu; elle écoutait, béante, elle dévorait chaque parole.

— J'appellerais un tort, et un tort grave, reprit Novratzin d'un ton significatif, les tentatives que vous feriez, soit pour me suivre, soit pour venir me rejoindre. Et comme je vous promets de ne rien dire à l'empereur, j'appellerais tort aussi toute démarche que vous hasarderiez pour vous justifier près de lui, quand je ne vous aurais pas accusée. Vous m'avez compris; je répète cependant : vous êtes libre; nous le sommes tous deux; adieu, madame; adieu pour jamais !

En parlant ainsi, le prince salua sa femme, et traversant d'un pas rapide tout le chemin qu'avait parcouru Armand pour arriver dans ce malheureux boudoir, il disparut en un moment.

La princesse était restée debout, dans la même attitude suppliante et interrogative. Elle suivait de l'œil machinalement cet homme, qui s'effaçait peu à peu dans les ténèbres.

Dès qu'elle n'entendit et ne vit plus rien, elle sembla reprendre connaissance et comprendre pour la première fois sa situation. Elle fondit en larmes, et apercevant Armand qui se faisait petit dans son angle.

— Est-il possible! s'écria-t-elle avec fureur; vous êtes encore ici, monsieur.

Armand eût donné sa vie, à la condition de disparaître dans une trappe.

— Je pars, madame, dit-il, je pars.

— Il est bien temps, quand je suis perdue, sanglota la malheureuse femme.

— Mais, madame, au moins ne m'accusez pas, dit le jeune homme avec désespoir. Vous savez bien que je ne suis pas coupable.

— Eh quoi! s'écria-t-elle, vous n'êtes pas ici, peut-être?

— Vous n'ignorez pas comment j'y suis.

— Oui, ce conte ridicule.

— Mais, madame, ce n'est pas un conte, c'est la simple vérité.

— Monsieur, dit-elle avec dignité, vous avez commis une abominable action, une trahison en vous introduisant chez moi. C'est là une audace bien criminelle et qui me perd, comme vous voyez; mais ne déshonorez pas votre crime par un plat mensonge. Je vous hais coupable, je vous mépriserais stupide.

— Quoi! vous ne me croyez pas, madame?

Elle haussa les épaules.

— Quoi! vous supposez que c'est moi qui me suis introduit chez vous?

Elle l'écrasa d'un vrai regard de princesse.

— Mais je ne savais pas seulement que votre hôtel eût deux portes, madame, dit Armand.

— Et cette clef?

— On l'a glissée dans ma poche. Qui? les hommes qui m'ont amené, sans doute. Voyons, madame, ne vous fatiguez pas à me regarder ainsi; je ne mérite peut-être pas votre pardon, mais je ne mérite pas non plus votre colère. Madame, je vous jure sur la vie de mon père, c'est sérieux, comprenez-le bien, que j'ai été arrêté, voituré à votre porte, introduit chez vous, sans avoir seulement soupçonné qu'on me menât ailleurs qu'en prison. Madame, j'ai pu vous admirer beaucoup, mais de l'admiration à l'escalade il y a très-loin. Tout ce qui vous arrive est affreux; vous êtes victime d'un malentendu, d'un guet-apens, si vous voulez; mais ne m'accusez pas, je n'y suis pour rien, et je vous affirme que je voudrais au prix d'une bonne blessure, au prix de plus que cela encore, n'avoir pas servi de prétexte à l'esclandre qui a eu lieu tout à l'heure.

— Mais enfin, si je vous croyais, dit-elle, à quelles suppositions ne serais-je pas forcée de me livrer? Si en effet les gens qui vous ont arrêté, comme vous dites, vous ont amené ici, comme vous prétendez; s'ils vous ont glissé une clef de chez moi, ce ne sont pas des agents de la police. Enfin qui sont-ils, et que voulaient-ils? Voyons! du sens commun, de la lumière!

— Eh quoi ! vous en êtes encore à hésiter, dit Armand, vous ne sentez pas que toute cette embûche était tendue pour vous perdre.

— Mais, par qui ?

— Si vous l'ignorez, madame, comment voulez-vous que je le sache ?

— Mais, monsieur, si l'on s'est servi de vous pour me perdre, on avait donc quelques raisons... Pourquoi vous plutôt qu'un autre . Ah !... Vous vous taisez. Vous savez trop combien vos imprudents panégyriques, faits à haute voix, et débités sans délicatesse, vous savez trop combien votre affectation à venir partout où j'étais, ont pu me compromettre. Croyez-vous que sans cela on vous eût choisi plutôt que le premier venu ?

— Mais, madame, répliqua Armand piqué du reproche, et cependant fort ému des paroles qu'il allait hasarder, mes louanges, mes assiduités, si expansives, si compromettantes qu'elles fussent, ne vous auraient jamais compromise autant que ce portrait, le principal argument de votre mari. Et ce portrait, vous ne me l'attribuerez pas, je pense !

Caliste frémit et se tut à son tour.

— Car enfin, continua-t-il, si vous persistez à dire que mon arrestation et la fameuse clef sont de mon invention, le portrait n'en est pas, et il n'a pu tomber dans les mains du prince Novratzin sans que vous sachiez pourquoi et comment.

Caliste réfléchit quelques moments, du moins

Armand crut qu'elle réfléchissait, tant son front se pencha dans l'ombre, tant sa réponse mit de temps à franchir ses lèvres.

— Il ne faudrait pas, murmura-t-elle d'une voix altérée, attacher à ce prétendu portrait plus d'importance qu'il n'en mérite. Autant vaudrait que vous prissiez au sérieux les étranges accusations de mon mari... Nul mieux que vous n'en connaît l'inanité.

Armand s'inclina.

— Ce portrait, dit-il, aura été fait exprès pour les besoins de la cause, comme on dit, et glissé chez vous, madame, ainsi que la clef avait été mise dans mon paletot.

Elle le regarda fixement avec une noble candeur.

— Non, dit-elle, non, je ne sais pas mentir, je ne veux pas mentir : le dessin est de moi.

Armand tressaillit et osa la regarder à son tour.

— Mais peut-on appeler cela un dessin? interrompit vivement Caliste, un portrait! par exemple! quelques hachures tout au plus, brodant un trait à peine croqué, une pochade... insignifiante.

— Une charge, dit naïvement Armand, une charge comme tout le monde en fait, je comprends, madame, une charge n'est pas un portrait.

Ce troisième élan de grandeur d'âme frappa visiblement la princesse; elle ne put retenir un coup d'œil attendri qui, si Armand l'eût saisi au vol, l'eût indemnisé de bien des souffrances.

— Monsieur, dit Caliste, qui ne voulut pas être vaincue en générosité, charge ou portrait, ce dessin de moi, est, comme vous le dites, la cause principale de ce qui m'arrive : vous avez raison. Mais enfin le mal est fait. Je me demande comment je pourrais vous tirer de l'embarras où vous êtes, et dans mon trouble assez naturel, je ne le vois pas, je ne vois rien, qu'une perspective effrayante devant laquelle reculent mes regards.

— Et moi, madame, répondit Armand touché de la pâleur et du désordre de cette femme incomparable, moi qui suis bien troublé aussi, et incapable de vous donner le moindre renseignement, le moindre conseil; je vous jure cependant que jamais, quand je serai maître de moi et de mes idées, vous ne m'appellerez en vain à votre aide... disposez de moi, et...

Caliste se leva brusquement. Ces paroles d'amitié réveillaient en elle la femme évanouie depuis la catastrophe de l'entretien.

— Monsieur, dit-elle d'une voix tremblante, mais empreinte d'autorité, je vous demande pardon d'avoir montré devant vous tant de faiblesse. Nous ne nous connaissons pas ; nous ne devons jamais nous revoir; et voilà que nous causons encore, ici, chez moi, dans ce coupe-gorge où vous m'apparaissez maintenant comme une vision monstrueuse.

— Mais, madame, nous cherchions bien naturellement à nous éclairer l'un l'autre sur l'événement qui nous a réunis.

— Nous ne sommes pas à notre place, interrompit-elle se refroidissant par degré. Moi, à peine vêtue, je rougis; vous me gênez, vous dis-je. Veuillez vous retirer, monsieur. Un moment de plus, cette gêne sera une torture.

Armand obéit, il recula aussitôt, s'inclina plein de respect et voulut sortir; mais le trouble de la princesse l'avait gagné, il ne se reconnaissait plus dans la tenture et les portières de ce boudoir : pareil à Mathan, le traître d'*Athalie*, il se trompa de sortie et se dirigea tout simplement vers la porte de la chambre à coucher; il en franchit le seuil.

— Monsieur! s'écria Caliste avec un bond qui acheva de faire perdre au jeune homme le peu de sens qui lui restait.

— Pardon, pardon, dit-il, c'est que je ne sais plus où je suis; par où m'en aller? indiquez-le moi, madame.

Elle prit la lampe, et traversant le boudoir d'un pas rapide, marcha devant lui, éclairant le chemin.

Le vent de ce corridor, dont la première porte avait été laissée ouverte, repoussait les larges manches du fin peignoir de Caliste; forcée de porter à deux mains la lampe trop lourde pour cinq de ses doigts frêles, la princesse ne pouvait croiser plus étroitement sur son sein la batiste légère qui flottait et parfois découvrait ses bras et ses épaules, et son cou poli caressé par des boucles d'ébène.

Cette lampe finit par jouer son rôle, comme il

arrive presque toujours dans les mauvais moments de la vie, où le genre neutre prend parti malicieusement contre le masculin et le féminin. Elle s'éteignit à l'issue du corridor.

Caliste ne put retenir un cri de chagrin et de colère.

Elle venait de sentir la main d'Armand, perdue dans ces ténèbres.

— Hélas! madame, dit-il, nous jouons de malheur, je ne sais pas où je vais.

— L'escalier est devant vous, murmura-t-elle à voix basse.

Il s'y précipita, au risque de se briser la tête sur le mur ou de sauter par-dessus la rampe.

— Une fois en bas, ajouta-t-elle émue de l'entendre se heurter et trébucher ainsi, tournez à gauche jusqu'à la grille.

Il avançait courageusement dans la spirale maudite de cet égrugeoir que certains architectes appellent escalier de service. Tout à coup l'idée lui vint qu'il restait encore cette grille à ouvrir. Il s'arrêta et le dit.

—Mais, répliqua-t-elle du haut de l'escalier, n'avez-vous pas la clef? vous l'avez ramassée sur le tapis.

— C'est vrai, madame, mais je ne puis pas la garder, il faut bien que je vous la rende.

— Jetez-la en dedans quand vous serez dehors, répliqua la princesse avec impatience.

Armand piqué par cette intonation comme par un

coup d'aiguille, s'élança dans l'ombre, franchit l'allée, trouva la petite grille, l'arracha plutôt qu'il ne l'ouvrit, lança la clef avec rage à travers les barreaux et prit sa course, comme un fou, sans regarder en arrière.

VII

Il courait ainsi dans le faubourg du Roule que son instinct de Parisien venait de reconnaître. Bientôt, il trouva, non sans délices, sa maison du boulevard, le portier, son large escalier, et l'appartement de l'entresol, où veillait, en l'attendant, le fidèle Joseph, son vieux valet de chambre. Celui-ci avec un sourire protecteur promit à Armand que M. de Bierges le père ignorerait l'heure de sa rentrée. Il l'installa dans sa chambre tiédie par un bon feu de braise; Armand congédia vite Joseph sous prétexte d'écrire quelques lettres pressées; il s'enferma et se mit au lit.

Oh! comme il eût voulu dormir! Mais la chaleur du sang développait en son cerveau les souvenirs et les idées. Toute l'histoire de la soirée, tout ce monde de figures et d'événements traversait et défilait obstinément derrière ses paupières, qu'il essayait de tenir fermées. Armand, des souvenirs, passa aux projets.

Il ne laisserait pas sans éclaircissements cette mystérieuse affaire ; on n'arrête pas impunément un homme en plein Paris, se disait-il. Une voiture se retrouve ; j'ai des amis à la préfecture de police, j'en ai un au parquet. Je conterai l'aventure, on fera une enquête. Un ou deux des ravisseurs seront arrêtés. Ils décèleront les auteurs de la machination.

Quant à la princesse, elle ne conserve plus de doutes sur mon innocence, pensait le jeune homme. Quelle aventure ! quelle radieuse beauté ! Que va-t-elle devenir cette pauvre femme ? Oh ! sans doute, elle a des ressources, des amis puissants. Elle ne se laissera pas écraser ainsi sans résistance.

Ce mari, ajoutait-il, quelle bête féroce ! quel œil ! comme on sent sous ces formes d'emprunt, assez adroitement copiées dans l'Occident, la sauvage brutalité du barbare. Et cette sauvagerie même, comme elle est mêlée d'hypocrisie et d'astuce.

Armand se rappelait avec colère les différentes phases de la scène où cet homme avait joué le premier rôle, et le sang, au lieu de se calmer, s'allumait insensiblement dans son cœur.

— Bah ! reprenait ensuite le jeune homme, des droits sont des droits, et ce n'est pas la faute de ce prince russe si je suis surpris chez lui à trois heures du matin, entre un jupon et un peignoir. La situation était équivoque ; ce prince-là eût pu me régaler d'un coup de pistolet... Décidément, il y a de la civilisation plus qu'on ne pense chez ces gens du Nord.

Maintenant, d'où part le complot? Quel ennemi ai-je? Est-ce un ennemi de moi ou de la princesse? voilà le point essentiel à élucider. J'y arriverai par tous les moyens en mon pouvoir; l'intérêt de cette charmante femme, le mien y sont engagés. C'est qu'elle est perdue, si je ne lui viens en aide. Cette rupture avec un mari pareil, qui sait si ce n'est pas un bouleversement de position, de fortune? Que de reptiles inconnus à un habitant du boulevard de la Madeleine peuvent s'agiter au fond de ce marais hyperboréen!

Soyez donc amoureux, pensait-il ensuite, et qu'il vous tombe de pareilles tuiles sur la tête. Si j'eusse été amoureux de cette femme-là; quelle catastrophe! C'est à faire frémir.

Elle a dit : *Nous ne devons jamais nous revoir.* Je le crois, parbleu bien. Il ferait beau se revoir après un événement pareil. C'est tout à fait impossible. Que se dire? que faire? Voilà une femme qui ne me pardonnera jamais d'avoir été vue en peignoir de batiste. Elle a des bras délicieux. Et quelles épaules fines et jeunes! C'est une bien jolie femme.

Armand se rappelait les colères de la princesse, cette lampe éteinte, cette rencontre forcée dans les ténèbres. Il frissonnait et passait vite à un autre ordre d'idées. Il s'avouait naïvement qu'un abîme infranchissable venait de s'ouvrir entre lui et cette femme. Il prenait avec lui-même l'engagement solennel de ne point faire un pas pour s'en rapprocher.

On voit si ce jeune homme était loyal et honnête.

Il avait à peu près pensé à tout, excepté au point principal, et, dans ce pêle-mêle de noires phalènes qui l'assaillaient et qu'il combattait avec la résignation du désespoir, il n'apercevait pas le seul papillon blanc, symbole d'espérance, qu'un optimiste, qu'un homme content de soi, qu'un fat eût aperçu avant tout autre, eût aperçu tout seul. Armand ne songeait pas à ce portrait dessiné loin de lui, sans lui, dans l'ombre d'un cœur plein de mémoire, où chaque détail de son visage vivait, assez profondément empreint pour venir se décalquer sous le crayon au premier ordre de la pensée.

Épuisé de contradictions, de tressaillements, de projets, d'angoisses, Armand finit par s'endormir aux premières lueurs de l'aube. Ce sommeil fut court, agité ; mais, pareil au bon serviteur silencieux, nocturne, qui, pendant le repos du maître, range doucement la maison troublée après une orgie, et replace en son lieu chaque chose égarée, ce bienfaisant sommeil rafraîchit une tête dévastée, rendit au jugement sa lucidité ordinaire, et quand Armand s'éveilla, le logis spirituel était en ordre à ce point, que, au premier regard, le maître aperçut distinctement toute la situation.

Plus de ténèbres, plus d'équivoque. Comme s'ils eussent été trempés dans une lumière crue, les événements de la nuit surgissaient un à un, en plein relief, revêtus de leur couleur naturelle et brillant de leur véritable signification.

Les projets fiévreux de l'insomnie tombaient devant cette raison blanche, froide. Rechercher les auteurs du complot, questionner la police, les magistrats, pourquoi? Raconter une aventure à peine croyable et donner des détails humiliants pour tous les acteurs, pourquoi? Compromettre tout à fait une femme à moitié perdue, l'accabler du pavé de l'ours pour écraser une mouche qui peut-être était déjà envolée, pourquoi, pourquoi? Ce point d'interrogation, terrible conclusion de chaque phrase, ne faillit point de venir se poser devant chacune des idées qui, dans son noir cauchemar, avaient paru si lumineuses au pauvre jeune homme.

Ainsi, pas de recherches à faire, pas de démarches : oubli, silence surtout. La conspiration dirigée tout entière contre la femme ne pouvait atteindre en quoi que ce fût le prétendu amant.

Prétendu. Ici, par un étrange phénomène, le point de vue d'Armand se trouvait changé. Ce qu'il apercevait hier, il ne le voyait plus ce matin; mais ce qui, hier, lui avait échappé, rayonnait et ressortait éclatant. Amant de la princesse, avait dit le mari; eh bien! oui, le mari avait raison. Une femme qui dessine de souvenir le portrait d'un jeune homme, d'un jeune homme beau, séduisant, distingué; une femme qui cache ainsi ce portrait, et qui rougit, qui pâlit ainsi quand on le découvre, c'est une femme qui aime. Une femme qui aime a un amant. L'homme aimé est l'amant de cette femme. Je suis l'amant de la princesse, se dit Armand avec stupeur, mais aussi avec orgueil et délices, et tout à coup il sentit battre un cœur qu'il était loin de soupçonner quelques heures auparavant.

Aussitôt le voile tombe, le passé s'éclaire. Ces soirées où elle arrivait radieuse, enchanteresse ; ces rencontres fortuites que lui a reprochées son mari, cette affectation même de ne pas regarder Armand, de ne jamais lui adresser une parole, elle qui dessinait son portrait de souvenir ! bien plus, cette assiduité de la comtesse Gorthiany, amie intime, confidente sans doute, et dont les avances étaient pourtant bien significatives : cette dernière preuve, la présentation inutile de Mme Novratzin chez la baronne Chaudray, et tout le manége de l'amie, et l'avidité de celle-ci à écouter les louanges passionnées données à la beauté de la princesse, louanges qu'elle reportait certainement à leur adresse... Plus de doute, il est aimé, il a été aveugle, il serait ingrat.

Oui, il serait ingrat, si cette femme qui l'aime, et qui est perdue pour cela, il l'abandonnait sans secours et sans défense. Souvent un cœur chaste s'offense d'être poursuivi indiscrètement, mais un cœur tendre ne pardonne pas qu'on le délaisse ; être délicat dans les soins qu'on lui rend, voilà le point essentiel. Armand, lancé à toute vapeur dans cette voie sans limites, fit en peu de secondes un incalculable chemin. Était-il toujours dans le vrai ? Il n'y songea pas un moment. Ce n'était plus sa tête rafraîchie qui le guidait : c'était un cœur palpitant et embrasé qui entraînait tout le système.

Il est rare que l'amour ne cherche pas immédiatement son équilibre ; c'est la loi de toute force supérieure. L'équilibre de l'amour, c'est la haine. Armand sentit aussitôt tomber la sienne en contre-poids. Le rôle du mari, suspect d'abord, devint odieux, infâme. Lui seul avait intérêt à torturer ainsi sa femme. D'abord, il était coupable d'espionnage, c'est un bien grand crime aux yeux des amants. M. Novratzin avait découvert les assiduités d'Armand, il avait sondé le cœur de Caliste, il avait payé quelque femme de chambre pour intercepter des lettres, et cette créature n'avait pu intercepter que le portrait : elle l'avait volé et envoyé au mari. Armand se rappela toute la haine de Novratzin pour la femme que l'empereur lui avait donnée, il se la rappela d'autant mieux qu'il l'avait lue, quelques heures avant, dans ses yeux, et l'expression de ce sentiment bien distinct de la colère l'avait frappé pendant la scène du boudoir.

Cette antipathie pour une femme adorable devait conduire le prince à lui créer des torts, quand bien même elle n'en eût pas eu. Elle en avait, Armand le confessait volontiers; mais ces torts légers, comment les prouver? Le portrait suffisait-il ? évidemment, M. Novratzin méditait quelque coup décisif contre la princesse. Peut-être contre le principe même d'un mariage exécré. Comment s'y méprendre d'après les paroles qu'il avait prononcées si amères, si menaçantes sous une enveloppe de clémence et de dédain? Comment ne pas deviner que, redoutant l'intervention de l'empereur en faveur de la princesse, sa pupille, il se forgeait d'avance une arme pour combattre les réclamations et les plaintes que cette pupille adresserait au souverain protecteur ? De là le guet-apens, de là cette fausse arrestation, cette introduction dans la maison de la princesse. Plus de doute : pourquoi ces portes complaisamment ouvertes devant lui, ces valets écartés, tous les obstacles levés par miracle ? Pourquoi cette apparition du prince à point nommé ? Pourquoi enfin, comble de machiavélique perfidie, cette clef accusatrice que les agents du traître avaient jetée dans la poche d'Armand, tandis qu'ils le poussaient devant eux le long du corridor?

Oh! mais, s'il en était ainsi, et il en était ainsi, sans nul doute, l'affaire ne pouvait en demeurer là. Quoi! Armand, un galant homme, un homme! laisserait s'accomplir paisiblement une pareille infamie! il se laisserait, lui, mannequin lâche et bête, promener incessamment par la main de ce Tartare devant les yeux effarés d'une femme tremblante !

Et cette femme, après l'avoir aimé, le craindrait, et, après l'avoir craint, le mépriserait! Allons donc !

Le démon qui chauffait en riant cette chaudière grondante qu'on appelle une tête d'amoureux, se dépêcha d'y glisser un grain d'orgueil. L'amour n'eût pas suffi peut-être à faire oublier la raison. Mais l'amour ménage au moins l'objet aimé; l'orgueil, lui, n'aime rien et ne ménage rien.

— Ah! se dit Armand sous cette infernale influence, voilà donc pourquoi ce colosse me regardait par-dessus l'épaule: il se moquait de moi. Petit pantin, je fonctionnais au bout de son fil. Ce jaloux d'un nouveau genre me savait trop niais pour faire la cour à sa femme, et il m'amenait chez sa femme! Il me mettait la clef dans la poche! Il roulait de gros yeux, pour me faire peur, apparemment, puisqu'il me connaissait pur de toute intention comme Caliste l'était de toute faute.

Armand appelait déjà la princesse: Caliste.

— Eh bien, reprit le jeune homme en bondissant hors de son lit, les choses ne se passeront pas tout à fait comme cela. Oui, homme de l'Ukraine, je suis amoureux de ta femme; oui, tu es un imprudent de m'avoir appris le chemin de sa maison, et une brute de m'avoir révélé le secret de son cœur. Tu te moquais de moi, cette nuit, et moi, naïf, je m'emplissais d'une nourriture de bergeries, je broutais l'amour immatériel; attends, attends, à mon tour de rire.

Il en était à ce point d'exaltation et s'habillait en tremblant de fièvre et de colère, quand M. de Bierges le père entra rayonnant dans sa chambre, une lettre azurée à chiffre d'argent d'une main, l'enveloppe parfumée de l'autre.

VIII

Le conseiller, sous l'empire de ce parfum et à travers cet azur, voyait en clair tout ce que son fils voyait en sombre. Il vint souriant au jeune homme, lui tendit la main et lui dit :

— Tu es frais ce matin comme une rose.

Le fait est qu'Armand n'était pas rose, mais rouge.

— On voit que tu as dormi comme il faut, ajouta le père avec la même perspicacité. Tu es bien heureux ; moi, je n'ai pas fermé l'œil.

— Ah ! tant pis, cher père, tant pis, dit Armand moitié tendre, moitié distrait.

— Oui, tu es heureux, reprit le conseiller, heureux en tout.

— Bah ! dit Armand, surpris de ces paroles accentuées avec une affection singulière. En quoi donc suis-je si heureux que cela ?

— Tout ce qui devrait te perdre te réussit, Armand.

— Tu crois ?

— Sais-tu qu'hier, à minuit, tu avais perdu quatre millions ?

— Tiens, c'est vrai, je l'avais oublié, s'écria le

jeune homme avec un sourire, tu me l'avais dit pourtant.

— Et tu ne voulais pas y croire, mon enfant, tu avais foi dans ton étoile ! Parbleu ! tu avais bien raison, tes millions sont retrouvés.

— Ah bah ! par qui ?

— Par une femme charmante, douée de toutes les qualités physiques et morales, qui vaut un peu mieux, je suppose, que la madame Novratzin, dont tu faisais hier si imprudemment l'éloge.

Armand tressaillit comme si on l'eût touché avec un fer rouge.

— Mon Dieu oui, continua paisiblement le conseiller, une amie arrangeait hier cette affaire-là pour toi, et tout marchait à plaisir quand tu as bouleversé tout avec cette profession de foi en faveur de la princesse. Malheureux ! il paraît, dit à voix basse M. de Bierges, il paraît que la future t'entendait !

Et les yeux du conseiller exprimèrent une horreur qui ne laissait pas d'être comique ; mais Armand s'était arrêté au mot.

— La future ! répéta-t-il surpris.

— Ta future, mon enfant, celle que te destine notre charmante amie la baronne.

— On me destine... dit Armand suffoqué.

— Oui, ton imprudence dont je tremblais n'a rien changé à la situation. Ma jeune personne n'a heureusement rien entendu. J'en reçois l'avis à l'instant de

Mme Chaudray. Excellente femme ! Déjeunons de bonne heure, veux-tu ? parce qu'il faut que j'aille la remercier en ton nom et au mien.

— La remercier de quoi ? dit Armand avec un regard oblique.

— Eh bien ! de ce mariage qui se présente.

— Mais...

— Quoi ?

— Je ne suis pas prêt du tout à me marier, répliqua Armand avec résolution.

Le conseiller, un moment étourdi, regarda le visage pâlissant de son fils, et fronçant le sourcil :

— Ah ! murmura-t-il froidement avec une variété d'intonations qui faisait de cette interjection un poëme en une quantité de syllabes.

Armand aimait tendrement son père ; il avait la plus entière confiance dans son jugement et son aptitude aux affaires ; il lui eût abandonné le maniement d'une liste civile de nabab. Mais selon l'habitude des jeunes gens, qui peut-être n'ont pas tout à fait tort, il croyait l'expérience moins nécessaire qu'on ne pense à la réussite des affaires de cœur. L'expérience donne des conseils et modère la passion. La passion, force aveugle, n'arriverait jamais au but si elle n'était sourde par-dessus le marché. Et enfin, la passion a son rôle en ce monde comme la foudre.

Or, en cette circonstance, Armand ne voulait rien confier à M. de Bierges de l'aventure nocturne, d'abord parce que le conseiller lui eût prodigué les avis, ensuite parce qu'il eût été dévoré d'inquiétudes sur les suites. Des avis, Armand n'en voulait pas ; les inquiétudes, il les eût épargnées à son père au prix des renoncements les plus douloureux. Ce qui revenait tout droit à ce raisonnement fameux d'un contemporain :

« Je n'aime pas les conseils et j'en suis content, parce que si je les aimais, je les suivrais, et que je ne veux pas les suivre. »

Ainsi, devinant au sourcil tendu, aux soupirs étouffés de son père, que le refus de ce mariage lui serait infiniment sensible et le conduirait à mille suppositions; sachant que le nom de la princesse, prononcé un instant avant, servirait de texte à ces conjectures désobligeantes, Armand se hâta d'amortir par des protestations de tendresse et une apparente confiance le coup porté aux chimères matrimoniales du conseiller.

— Cher père, lui dit-il, à quoi bon me marier comme cela sans dire gare ! Serait-ce que tu es las de moi, las d'être libre et heureux ?

— Cesse-t-on d'être libre quand on se marie, répliqua le père encore effarouché, on est libre à deux, voilà tout, et c'est je crois plus moral que d'être esclave à trois, quatre ou cinq personnes. D'ailleurs, dût-on cesser d'être libre, je n'y vois pas d'inconvénient, quand on l'a été trop.

— Trop? dit Armand d'un air câlin et enjoué qui lui réussissait toujours d'ordinaire. Ai-je donc abusé? me le reproches-tu aujourd'hui, après m'avoir si souvent donné mon *satisfecit*. A t'entendre, à te voir, on me prendrait pour le don Juan du festin de Pierre. Allons, cher père, tu es conseiller, tu n'es pas commandeur.

M. de Bierges ne se dérida pas.

— Je voudrais bien savoir, murmura-t-il, ce qu'il peut y avoir de si précieux au fond d'un esprit, je ne dis pas d'un cœur, qui refuse quatre millions.

— Là! s'écria Armand, heureux de cette faute paternelle, voici M. de Bierges, le stoïque, le Curius de la cour des comptes, l'impitoyable censeur des hommes d'argent, qui croit parler mariage à son fils et ne lui parle que millions.

Il savait, le rusé, combien le père capitulerait vite, battu par son propre canon.

Le conseiller rougit légèrement.

— Il ne s'agit pas d'argent, dit-il embarrassé. Si j'énonce un chiffre, c'est faute de pouvoir prononcer un nom. Ce nom, il m'est interdit de le produire. Voilà pourquoi je le représente par une dot. Au fond, je n'y tiens pas, à la dot, tu le sais bien.

— Alors, si tu n'y tiens pas, interrompit Armand victorieux à peu de frais, n'en parlons plus.

— Mais je tiens aux qualités, aux mérites, je tiens à une femme accomplie, comme celle dont il était question.

L'imparfait rassura un peu Armand; il embrassa son père.

— Quelle femme, dit-il, aura les mérites et les qualités de mon ami, de mon compagnon, du seul que je veuille avoir? Quelle femme le remplacerait, acheva-t-il, ému sérieusement au milieu de sa comédie, parce qu'il savait bien qu'il disait la vérité.

— Alors, dit M. de Bierges complétement gagné, tu ne veux pas te marier; tu ne te marieras jamais?

— Je ne dis pas jamais.

— Moi, je le dis. Jamais tu ne trouveras une occasion pareille, et d'ailleurs, ajouta-t-il superbement, quand tu le voudras je ne le voudrai plus.

Armand se garda bien de discuter cette fanfaronnade.

— Cher père, dit-il, ce que tu décideras sera toujours ma volonté. Aujourd'hui, vois-tu, je suis mal disposé au mariage. Il y a dans l'air une foule de petites fantaisies de jeune homme... Oh!... fantaisies pures, sois tranquille. Il y a surtout une soif de liberté inextinguible pour le moment. Laisse-moi boire.

— C'est fort joli, répliqua le conseiller, mais nous allons avoir l'air de girouettes vis-à-vis de Mme Chaudray. Moi, d'abord, je ne m'engage pas à l'aller refuser; fais-en ton affaire. Tu veux les bénéfices, prends les charges.

Armand croyait son procès gagné. Il s'applaudissait de la facilité du triomphe. Mais avec les vieux jouteurs, il y a toujours un coup secret, une botte savante à craindre. Darès l'apprit du vieux Entelle.

— Je te laisse maître de toi-même, lui dit le père en le quittant, un homme de ton âge doit savoir se conduire. Mais souviens-toi que je ne veux pas entendre parler de scandale, souviens-toi que je n'admets pas les liaisons illicites, songe enfin que toute femme qui n'est pas libre, je veux dire toute femme mariée, et il souligna ces mots, sera traitée par moi en ennemie mortelle, si je la trouve dans le chemin que ma fantaisie, à moi, s'était tracée pour ta fortune et ton bonheur.

Armand frémit en entendant ces paroles. Le conseiller ne devait pas s'en tenir là.

— Va donc chez Mme Chaudray, continua-t-il, pour te dégager et expliquer tes raisons. Trouves-en de passables, afin de ne pas choquer une personne aussi bonne que spirituelle, tâche surtout de ne paraître ni vicieux, ni inepte.

— Oui, cher père, dit Armand, compte sur moi.

— Et toi, ne compte pas sur les princesses, riposta le vieux Parthe en tournant le dos pour franchir le seuil.

IX

Il est rare que le premier mouvement, si terrible quand on le heurte, ne puisse être détourné par une sage inertie. Armand fut bien embarrassé par cette sortie de son père. Il trembla que son secret naissant n'eût déjà été deviné par les yeux de ce prétendu myope. Mais comme la jeunesse est aussi prompte à se rassurer qu'à s'alarmer, tant elle se fie à ses ressources, comme elle poursuit énergiquement ses desseins, même insensés, parce qu'elle se connaît la force de les mettre à exécution, le fils oublia en dix secondes de rêverie et les recommandations et les menaces voilées de son mentor, et ne se souvint plus que d'un amour qui parlait déjà plus haut que toute prudence, et d'un amour-propre plus exigeant encore que l'amour.

Obéir à la princesse, c'est-à-dire garder l'immobilité, le silence, et ne pas revenir sur le passé, impossible. Cette première barrière franchie, comment conduire jusqu'au plein succès les opérations d'un siége? Armand ne manquait pas d'imagination, il avait de la stratégie. Ce n'était pas un homme à commettre des fautes sans profit. Il chercha.

En première ligne des auxiliaires, il trouvait la comtesse Gorthiany, cette même Polonaise aux yeux verts si dédaignés la veille encore. Mme Gorthiany, amie de la princesse et complice présumable de ses petits secrets, devait savoir le mot de l'énigme. Un entretien avec cette dame n'était pas une infraction aux tacites engagements d'honneur qu'Armand avait contractés envers Mme Novratzin. Celle-ci avait dit : « Nous ne nous reverrons jamais. » Elle n'avait pas dit : « Vous ne verrez jamais Mme Gorthiany. » De ce côté, mille avantages, si l'on savait se faire écouter ; rien de perdu si l'on échouait ; l'entrée était facile. Des relations de monde à cultiver, une confidence toujours flatteuse faite par un homme jeune et adroit, auquel avaient été prodiguées les avances. Armand n'avait à redouter que le reproche d'indiscrétion. Il livrait le secret de Caliste. Mais la comtesse ne le saurait-elle pas de celle-ci, ce secret ? Rien à dire si on ne l'avait pas instruite : toute la science se réduisait à proportionner la confidence aux révélations que la princesse pourrait avoir faites à son amie. Armand se crut assez fort pour hasarder une attaque d'après ce plan.

Le malheureux ! Tel homme cuirassé n'est vulnérable qu'à un endroit, et le coup le frappe à cet endroit ; tel autre a cent issues à prendre pour sortir d'un mauvais pas, il prend justement le sentier où l'attend son ennemi. Armand se hâta de courir chez la seule personne qui pût le perdre bien sûrement.

Il avait préparé un arsenal et déployé le génie de Vauban pour pénétrer dans cette forteresse. Il y pénétra bien triomphant, sans voir qu'on lui en ouvrait la porte toute grande, comme aux renards la trappe de l'assommoir.

La comtesse demeurait aux Champs-Élysées ; Armand le savait pour l'avoir entendu répéter nombre de fois par la dame, aux jours heureux où elle semblait solliciter une visite, dont ce vainqueur, à son tour, allait prendre sans permission l'initiative. Il se fit annoncer, il fut introduit.

Nous avons dit que la comtesse aux yeux verts était belle, et sans doute bien des gens admiraient sa beauté ; dans notre histoire, cette beauté, présentée sous un jour oblique, perd la plus grande partie de son charme. Certain faux air de traître l'empêchera toujours de réussir chez les collectionneurs de portraits de femmes. Et cette apparence première, le *frons prima*, était précisément ce qui avait sauté aux yeux d'Armand, ne fût-ce que par opposition avec la noble et délicate nature de Mme Novratzin.

Misérable assujettissement, honteuse fascination de l'amour! Armand foulant le tapis de la comtesse s'était décidé à la trouver ravissante. Il s'était dit, qu'après tout, des yeux verts sont bleus le soir; que Junon, dans Homère, a les yeux glauques, et que cette couleur est bien plus distinguée que le noir, le bleu et le châtain, puisqu'elle est plus rare.

Il s'était répété à satiété que si les yeux de

Mme Gorthiany lui semblaient un peu durs, c'est parce qu'il ne les avait jamais forcés à s'adoucir; et oubliant, le malheureux, que jamais une femme ne consent à être repoussée, même lorsqu'elle fait des avances pour le compte d'une amie; oubliant que toute rancune féminine se satisfait tôt ou tard, il arrivait, que dis-je? il accourait se jeter dans la gueule de l'hydre occupée depuis si longtemps à mâcher à vide son terrible ressentiment.

Il était trop ému, trop concentré dans son idée pour remarquer l'accueil qui lui fut fait, accueil dont un homme froid se fût épouvanté au point de regagner immédiatement le vestibule. C'était, avec un sourire d'ogresse, un clignement d'yeux et une bouche en cœur qui semblaient dire : Petit, petit.... comme au poulet le cuisinier de la fable.

Armand donna en plein dans le panneau. Il oublia même de chercher un prétexte à sa visite et d'excuser ses froideurs passées.

— Madame, dit-il après les premières civilités, vous ne serez point surprise de me voir aujourd'hui, si vous êtes, comme j'en suis sûr, une véritable amie de Mme la princesse Novratzin; certain événement, dont peut-être vous avez connaissance, justifie la démarche que je me permets...

Toute la diplomatie d'Armand se réduisit à attendre une réponse. La comtesse qui voyait chaque manœuvre de ce pauvre ennemi, ne daigna pas ruser avec lui.

— Je crois savoir, dit-elle, l'événement auquel vous faites allusion. J'ai, ce matin, vu la princesse.

Voilà aussitôt Armand qui se lance. Elle sait tout, donc elle est pour la princesse une amie dévouée. Rien à craindre, on peut hasarder la confidence entière. Ville gagnée !

— Eh bien ! madame, reprit-il en s'approchant de la comtesse, en cherchant à fasciner ses yeux glauques, que pensez-vous de cette étrange aventure ?

Mme Gorthiany, qui déjà n'était pas trop engageante, sembla passer du tiède au glacial. Elle fit une sorte de moue compliquée d'un mouvement d'épaules, et se tut.

— Une perfidie, n'est-ce pas, continua le jeune homme.

— C'est selon, dit la comtesse, avec une circonspection de sibylle.

Armand ne devina rien encore cette fois.

— Ne pensez-vous pas comme moi, madame, reprit-il, que c'est une invention de... du... d...

Il s'arrêta devant un regard dur et tranchant.

— De qui ? dit Mme Gorthiany.

— Je pense que nous nous comprenons, murmura Armand se rapprochant encore.

La comtesse se cambra en arrière.

— Je ne sais trop, dit-elle, je ne crois pas.

Armand, saisi de surprise, commença un peu tard à observer le jeu de ce masque à ressorts ; il eût bien voulu s'arrêter en chemin, mais la trappe était retombée.

— Je ne saisis pas bien votre idée, monsieur, reprit la Polonaise attaquant à son tour ; vous attribuez cette invention... vous l'appelez ainsi, à quelqu'un...

— A quelqu'un que je suppose intéressé à tendre des piéges, dit Armand courageusement ; à quelqu'un que vous feignez de ne pas connaître, par discrétion sans doute, madame, car vous le connaissez parfaitement, surtout si vous avez causé ce matin avec votre amie.

La comtesse sourit d'un seul coin des lèvres, et répliqua :

— Peut-être bien.

Armand se figura que la glace allait se rompre ; un dernier coup, tout devait céder.

— M. le prince Novratzin, n'est-ce pas? dit-il.

La comtesse aussitôt changea de visage. Ses yeux prirent une expression hautaine et menaçante. On eût dit une de ces batteries que démasque un pirate lorsqu'il se croit assuré de la prise.

— Monsieur, prononça-t-elle d'un ton mesuré, sec, dans lequel perçait toute sa joie de pouvoir assouvir une vieille haine, vous oubliez que M. le prince Novratzin est mon ami, et vous lui prêtez gratuitement une bien vilaine action.

Armand bondit sous la commotion de cette terrible bordée.

— Eh quoi! s'écria-t-il, vous parlez sincèrement, madame?

— Qui vous donne le droit, monsieur, de supposer le contraire?

— Mais vous disiez, que ce matin, vous aviez vu la princesse.

— Assurément. Eh bien?

Cet : Eh bien! fit froncer le sourcil au jeune homme.

— Une amie véritable, dit-il, partage ordinairement les idées de son amie. Or, je crois pouvoir supposer que la princesse sait à quoi s'en tenir sur ce guet-apens nocturne.

— La princesse, reprit Mme Gorthiany de plus en plus hostile, n'est pas dupe de ce qui lui est arrivé. Elle trouve, comme moi, l'histoire du fiacre et l'histoire de la clef trop invraisemblables. Ce sont des hallucinations qu'on accepte bien un peu la nuit, mais qui s'évanouissent avec le jour.

— Ainsi, murmura le jeune homme stupéfait, les idées de votre amie sont changées?

— En a-t-elle réellement conçu d'autres ?

— Cette nuit elle paraissait deviner l'auteur du complot.

— Elle le devine encore maintenant.

— Et c'est?...

— Ce n'est pas son mari, voilà qui est certain, dit la comtesse avec un accent tellement dur, tellement provocant, que le jeune homme en rougit de colère.

Son mari l'aime; s'il est jaloux, c'est par excès d'amour ; elle, l'aime aussi et fera tout pour rétablir la bonne harmonie dans son ménage. Vous auriez donc d'autant plus mauvaise grâce, monsieur, à persister dans vos accusations contre le prince, que vous êtes en face de sa meilleure amie, j'ai eu l'honneur de vous le dire, et que vous n'êtes pas irréprochable envers M. et Mme Novratzin.

— C'est-à-dire, s'écria Armand, que voilà les choses retournées encore une fois, et que l'on m'accuse, moi, de cette turpitude.

— Ménagez-vous, dit la comtesse en souriant tout à fait.

Armand se leva. Ses lèvres tremblaient, il faisait craquer ses gants sur ses mains crispées. Toute son antipathie pour cette femme se réveillait avec fureur, il la trouvait hideuse, il brûlait de le lui dire, il allait éclater.

Par bonheur, il s'arrêta, cédant à l'habitude d'une bonne éducation et au point d'honneur qui commande le respect envers toute femme assez lâche pour insulter un homme.

— Ah! je comprends, dit-il, et je vois quelle part j'ai à vous faire dans tout ceci. Votre visite à Mme la princesse a porté ses fruits. Très-bien, madame; vous avez agi en véritable amie de M. le prince Novratzin, et vous vous dites l'amie de sa femme! Soit. J'ai d'autres idées; pour moi ces deux amitiés sont incompatibles. Eh bien! madame, puisque l'on me croit l'auteur de cette infamie, de cette brutalité cosaque, c'est à moi de prouver qu'on a menti. Je désirais étouffer l'affaire, je prenais sur mon tempérament, sur ma conscience, pour être agréable à Mme la princesse; je m'étais contenu en présence de ce plat hypocrite votre ami. Les choses changent, puisqu'on retire les paroles obligeantes qui m'avaient été dites. Maintenant je déclare, moi, cette action honteuse, déshonorante! Je suis soupçonné, je suis insulté; prenez garde!

— Eh! monsieur, répondit la comtesse avec un mauvais rire, que m'importe à moi! C'est à la princesse qu'il faut compter vos douleurs. Vous venez me rendre visite et me demander mon opinion; je vous la dis. Puis, vous criez comme si j'étais la cause de ce qui vous arrive.

— Ce n'est pas à Mme la princesse que je conterai ce que vous appelez mes douleurs, dit Armand, pâle de se contenir si longtemps. Une femme ne les guérirait point. D'ailleurs, je vois à votre visage rayonnant que votre amie me fermerait sa porte; c'est convenu déjà, n'est-ce pas? Non! je m'en prendrai au véritable auteur, au véritable traître, au véritable lâche; mon honneur est intéressé à prouver que je n'ai pas commis ce crime, je le prouverai.

— Vous ne prouverez rien du tout, interrompit, toujours en ricanant, la femme aux yeux verts.

— Oh! je trouverai votre prince Novratzin! s'écria Armand exaspéré.

— Vous iriez trop loin pour trop peu.

— Je le trouverai, vous dis-je, continua le jeune homme, quand je devrais l'aller chercher dans un gouffre aussi profond et aussi noir que votre âme... Madame, excusez-moi si je vous parle ainsi, sans qu'un homme soit là pour me répondre ; mais vous raconterez la scène à votre ami, et il vengera le tout ensemble.

— Monsieur ! murmura la comtesse enfin touchée, vous m'offensez, et vous parlez de votre honneur !

— Vous avez raison, madame, dit Armand les dents serrées et la poitrine haletante. Je n'ai plus le droit de parler de mon honneur tant que je ne l'aurai pas réhabilité. Mais vous pouvez dire à votre amie, à cette femme qui me calomnie, qu'avant huit jours ce sera fait. Oui, madame, je pars pour rattraper le prince. Dans huit jours au plus tard, demain, ce soir, si je puis, M. Novratzin m'aura signé la réparation la plus complète de son injure, ou il m'aura tué, si je ne le tue moi-même. C'est là un dénoûment qu'on n'avait pas prévu. Adieu, madame, et si vous vous intéressez à ce cher prince, si votre amie s'intéresse à son cher époux, ne vous trompez ni l'une ni l'autre dans vos prières, ne priez pas pour la bonne cause. Adieu !

Il partit sur ces mots, laissant la comtesse frappée d'un saisissement qui tourna bien vite en terreur. Elle s'était cru la griffe assez puissante contre ce petit adversaire ; mais l'hyène, en sa force, ne vaut jamais le lionceau.

X

En effet, la comtesse ne pouvait s'attendre à un pareil dénoûment de la scène. Humilier celui qui l'avait dédaignée, le renverser à jamais du haut d'espérances dans lesquelles elle n'était pour rien, voilà ce qu'elle avait comploté de faire. Comment deviner que ce petit bourgeois parisien, cet avocat frotté de fonctionnaire, allait se jeter comme cela tout de suite sur la grande épée d'un officier?

Un duel! un scandale! était-ce bien dans le programme de la conspiration? Que dirait le prince? Approuverait-il qu'on eût poussé les choses aussi loin. Certainement le duel n'aurait pour lui qu'un résultat heureux, c'était un vainqueur infaillible. Mais Caliste? heureux ou malheureux, le résultat ne l'accablait-il pas?

A cette pensée, le démon qui habitait chez la femme aux yeux verts alluma son feu de joie qui vint empourprer les joues de la comtesse.

Caliste, accablée, déshonorée; Caliste, cette amie si chère, cette beauté sans rivale, cette protégée de l'empereur, cette reine de perfection, qui, après l'avoir empêchée d'être princesse en épousant Novratzin, l'empêchait d'être aimée par Armand, cette Caliste à jamais perdue : quel succès! quelle joie !

Et ce triomphe si doux, on l'obtiendrait sans effort. On n'aurait pas même besoin de remuer le doigt comme pour hériter du mandarin de la Chine. Armand, dans sa fougue passionnée, ferait la catastrophe à lui seul. Se taire, ne pas éveiller un soupçon chez Caliste, laisser Armand courir et le temps marcher, voilà tout ce qu'exigeait le démon de sa complaisante hôtesse.

Mais tel n'était pas le programme arrêté par le destin.

Au moment où Armand sortait de chez la comtesse, il pouvait être deux heures. Un grand coupé bleu, attelé de deux chevaux noirs, montait au pas l'avenue des Champs-Élysées. Armand, s'approchant du trottoir pour rentrer dans sa voiture de louage, plongea involontairement les yeux dans cette boîte doublée de soie orange. Il y aperçut la princesse, qui, brisée de fatigue, se faisait promener lentement au grand air, et, en passant devant la maison de son amie, se penchait pour regarder les fenêtres par un mouvement bien naturel.

Armand, sous le coup de sa querelle avec la Polonaise et de son indignation contre Caliste, lança un furieux coup d'œil à celle-ci, accompagné d'un geste si expressif, si menaçant, si désespéré, qu'il fut pour la pauvre femme une révélation sinistre comme un éclair.

Puis il sauta dans sa voiture qui, en tournant, croisa celle de la princesse, et alors, se retrouvant avec elle, portière à portière, il ne put s'empêcher de lui jeter ces mots, exhalés d'un cœur au désespoir :

— Avant huit jours, madame, avant huit jours !
Et il disparut.

Caliste pâlit. Elle sentait qu'Armand venait de voir la comtesse. Cette colère, ce bouleversement d'une nature qu'elle savait douce, tendre, éminemment cultivée, lui firent craindre soit un malentendu, soit une perfidie. Caliste avait déjà souffert, elle connaissait le monde. Elle connaissait surtout son amie. Sa bonté n'était pas de la naïveté. Elle jugea prudent d'éclaircir sur-le-champ son soupçon. Saisissant le cordon du cocher, dont elle secoua le bras avec une vivacité insolite :

— Chez la comtesse, dit-elle au valet de pied, qui s'était précipité du siége.

Quelques instants après, Caliste pénétrait chez *son amie* et la surprenait dans la méditation décrite au début de ce chapitre.

Elle ne rusa point. Son cœur était gonflé, son œil brillant; elle lisait je ne sais quelle joie féroce sur les traits de la Polonaise, et cette joie insultait à sa souffrance. Sans répondre aux compliments mêlés de surprise qui lui étaient adressés :

— M. de Bierges sort d'ici ? dit-elle.

La comtesse tressaillit.

— Je viens de le voir, continua Caliste, il m'a parlé.

Ces mots : « il m'a parlé, » échappés peut-être à la seule préoccupation, furent magiques. Mme Gorthiany perdit un moment contenance.

— En vérité ! dit-elle, avec la rage de se voir déçue.

Mais ce trouble achevait d'éveiller les défiances de la princesse, il lui commandait la circonspection. Elle savait trop peu de chose pour parler beaucoup, il s'agissait d'en apprendre davantage.

— Expliquez-moi, dit-elle, ce qui s'est passé entre vous.

Ici la Gorthiany fut bien embarrassée. Mentir était scabreux, si Armand avait raconté la scène, et la comtesse ne doutait pas qu'il ne l'eût racontée. Manquer de franchise en pareil cas, c'était se trahir; tandis qu'en racontant les faits avec des commentaires, on pouvait sortir honorablement d'embarras. D'ailleurs, quel inconvénient y avait-il à dire à Caliste ce qu'elle saurait, si elle ne le savait déjà, ce qu'elle ne pouvait empêcher? Sans doute, il eût mieux valu se taire et gagner vingt-quatre heures; puis, en cas de besoin, contrainte à une explication, s'excuser d'avoir gardé le silence sur la crainte d'inquiéter une amie; mais, puisque l'éclaircissement devenait inévitable, pourquoi pas l'éclaircissement? — sous toutes réserves !

La comtesse prit son air le plus indifférent, le plus tranquille, et raconta, en les atténuant de son mieux, les principales circonstances de l'entretien, c'est-à-dire les soupçons d'Armand sur le prince et la justification de celui-ci par l'interlocutrice.

Mais tout cela n'expliquait pas à Caliste l'étrange fureur du jeune homme, son regard menaçant, et surtout ces mots : « Avant huit jours ! »

— Il y a eu autre chose entre eux, se dit la princesse, qui déchiffrait avec son cœur tandis que l'autre traduisait faussement avec une langue de fourbe.

— Vous me cachez la vérité ! dit-elle soudain à la comtesse en la couvrant du feu de son grand œil noir. Oui, Zika, c'était le petit nom de la dame que Caliste avait substitué à Sophia, vous me cachez le principal, et ce n'est pas bien !

Zika vit pâlir ces belles joues déjà si pâles, elle vit passer un frisson blanc sur ces lèvres carminées, et trembla d'être prise en flagrant délit d'imposture.

— Je ne vous cache rien, répliqua-t-elle, chère Caliste, je voudrais seulement ne rien exagérer. Ce jeune homme a dit dans la colère des choses qu'il ne fera certainement pas. Ne vous alarmez pas ainsi d'avance.

Caliste se sentit frémir à ces paroles rassurantes.

— Vous comprenez bien, continua la comtesse, qu'il ne va pas courir la poste comme cela sans y réfléchir.

— Courir la poste ! allait s'écrier Caliste; mais elle comprit que si elle manifestait la moindre surprise, c'était fait de la révélation qu'elle attendait. Elle comprima d'une main énergique son cœur qui bondissait sous le satin et la fourrure ; ses petits doigts crispés se perdirent dans la martre épaisse.

— Avant huit jours !... dit-elle tout haut.

— C'est cela, il vous l'a répété; oui, c'est son mot : avant huit jours, il aura mis le monde à feu et à sang.

— Mais pourquoi? pourquoi? s'écria Caliste hors d'elle-même.

— Chère belle, parce qu'il accuse votre mari de ce qui est arrivé, tandis que j'ai défendu votre mari ; n'était-ce pas convenu entre vous et moi, que si jamais je me rencontrais avec ce jeune homme...

— Vous ne le laisseriez pas accuser l'homme dont je porte le nom? Oui, je me rappelle que ce matin vous m'avez suggéré ce conseil, et je l'ai accepté. Mais ce n'est point à cause de cela, ce n'est point parce que vous avez défendu le prince, que ce jeune homme est sorti d'ici, tremblant, livide, éperdu de fureur.

La comtesse n'osa sourire, mais elle hésita.

— Zika! s'écria la princesse en se levant, tremblante elle-même, vous ne voulez pas tout me dire ; vous avez tort. Vous savez que je suis patiente, faible, lâche, pour tout ce qui ne me touche pas au cœur; mais cette fois, le cœur se blesse. Vous, mon amie, vous me trompez, vous me trahissez.

La comtesse recula devant ces yeux brûlants d'un feu sombre; on l'accusait de trahison, elle se connaissait, elle eut peur.

— Vous aurez fait à ce jeune homme quelque menace ou quelque offense, poursuivit Caliste, et il se vengera.

— Bah! s'écria la Polonaise, emportée à son tour par ses mauvais instincts, laissez-le chercher sa vengeance, laissez-le rattraper votre mari.

— Rattraper mon mari! murmura Caliste, passant de l'inquiétude à la folie, vous dites qu'il veut courir après le prince, le provoquer peut-être, se battre avec lui!

— Après? dit imprudemment la comtesse.

— Oh! interrompit Caliste, je comprends. Non-seulement vous avez justifié M. Novratzin, mais vous aurez accusé ce jeune homme.

— Quand cela serait, dit Mme Gorthiany qui crut pouvoir lever impunément le masque, tant par politique que par goût.

— C'est infâme! je vous l'avais défendu.

— Défendu? dit insolemment la comtesse.

— Oui, défendu, répliqua non moins fièrement Caliste. Car vous n'avez pas le droit de faire ce que, moi, je me suis interdit.

— J'ai cru qu'une femme, quand elle se respecte, ménageait moins celui qui entame sa réputation.

— Ma réputation est intacte, madame, dit la princesse avec noblesse, et je ne reconnais à personne le droit de l'attaquer ou de la défendre.

— En ma qualité d'amie, reprit mielleusement la comtesse, je me suis cru des droits que n'ont pas les autres.

— Ne voyez-vous pas qu'un éclat me perdrait, et qu'un duel est un éclat terrible?

— Est-ce que les choses en viendront là, répondit la comtesse avec dédain, est-ce que ce petit monsieur risquera gratuitement sa vie?

Caliste se sentit blessée par ce doute injurieux pour Armand.

— Ce jeune homme, dit-elle, est loyal et brave.

— On ne fait rien pour rien, en ce monde, interrompit la comtesse, décidée à achever sa rivale.

— Comment?

— Oui, si je lui eusse laissé quelque espoir, peut-être se fût-il aventuré; mais rassurez-vous, il sait à quoi s'en tenir, et, n'ayant rien à gagner, ne s'amusera pas à tout perdre.

— Quoi perdre? quoi gagner? de quel espoir parlez-vous? quel espoir lui avez-vous ôté? demanda la princesse avec épouvante.

— Il sait, reprit Mme Gorthiany, que vous êtes une femme inaccessible aux séductions, que vous aimez votre mari, que le prince vous adore.

— Oh! s'écria Caliste, torturée par ces louanges cruelles.

— Enfin, dit la Gorthiany souriante et les dents serrés, il pense à n'en plus douter, ce que vous-même vous devez désirer qu'il pense, — car une femme irréprochable telle que vous, ne sacrifie en aucune occasion le mari à l'amant, — il pense, dis-je, que vous n'êtes pas sa dupe dans la surprise de cette nuit, et voilà comment, n'ayant plus d'espoir, il ne fera pas de sacrifices.

A cette dernière révélation, la princesse poussa un cri de rage : elle venait de comprendre enfin la colère d'Armand, sa menace, et ce qu'il annonçait devoir accomplir avant huit jours.

Pendant quelques secondes, déchirée par cette morsure douloureuse, elle se promena vaguement, laissant son amie se repaître du spectacle délicieux de ses angoisses. Mais bientôt la scène changea.

— Si vous avez fait cela, dit la princesse revenue à elle-même, il faut que vous soyez ma plus mortelle ennemie ou mon amie la plus dévouée.

— Le choix n'est pas douteux, chère Caliste.

— Vous êtes une amie vraie, n'est-ce pas? Vous avez voulu me sauver du danger...

— Vous sauver de vous-même, dit la comtesse avec une componction hypocrite.

— Bien; je vous remercie. Alors, je compte sur vous pour me sauver tout à fait. Vite, une pelisse, un chapeau, et venez.

— Où allons-nous?... Promener?

— Nous allons trouver ce jeune homme.

— Plaît-il ?

— Nous allons lui faire à l'instant même la réparation qu'il mérite, et ne pas laisser subsister dans son esprit le doute le plus léger sur notre loyauté.

— Caliste !

— Vous ne connaissez pas M. de Bierges, poursuivit la princesse avec une véhémence irrésistible ; mais je le connais, moi : c'est un homme d'honneur, incapable d'une mauvaise action, d'un sentiment bas ; il m'entendra, il saura toute ma pensée. Il ne me verra jamais, oh ! je le jure ! mais il continuera de m'estimer.

— Vous ne supposez pas, ma chère, dit la comtesse avec un rire amer, que je vous accompagnerai, que je vous seconderai dans la plus extravagante, dans la plus dangereuse démarche que jamais ait faite une femme.

— C'est moi qui la fais ; que vous importe ?

— Mais non ; je semblerais l'approuver... moi qui me suis prononcée tout à l'heure dans un sens tout opposé ; moi qui, par zèle, par convenance, par sentiment de votre dignité, me suis montrée sévère, presque cruelle.

— Raison de plus, ma chère Zika ; vous aurez rempli deux fois le devoir d'une amie... Venez.

— N'y comptez pas, répliqua sèchement Mme Gorthiany ; je refuse nettement. Allez seule, si vous voulez.

Ce fut au tour de Caliste ; son sourire fut écrasant.

— Cette fois, dit-elle, le conseil n'est pas amical, il n'est pas sensé davantage. Vous savez bien que si j'allais seule trouver ce jeune homme, je ferais une chose inconvenante. Et vous devez penser que si vous ne venez pas avec moi, je trouverai bien une autre amie pour m'accompagner.

La comtesse frémit.

— Décidez-vous, reprit Caliste; les moments sont précieux. Venez-vous, oui ou non? Si c'est non, je cours chez la princesse Dareskoy, ma cousine; elle ne me refusera pas.

— Par grâce, dit Mme Gorthiany que cet argument forçait à capituler, écrivez au lieu d'aller vous-même.

— Vous n'êtes plus en veine, interrompit Caliste avec ironie, vous avez épuisé toute votre provision d'esprit et d'amitié à la fois. Quoi! écrire!... une femme dans ma situation! Écrire à un homme que vous avez offensé en mon nom! En vérité, il faut que vous ayez de ce jeune homme une bien magnifique opinion pour me conseiller de lui écrire, c'est-à-dire de mettre mon honneur entre ses mains. Adieu, Zika, je vais chercher ma cousine.

Elle traversait le salon, la comtesse l'arrêta. Elle avait réfléchi, qu'abdiquer en une occasion pareille, c'était une double imprudence. D'abord Caliste eût pu arranger l'affaire, ensuite elle eût conservé un éternel ressentiment de l'abandon de sa prétendue amie. C'était une brouille.

— Il faut faire tout ce que vous voulez, dit-elle en serrant la main de la princesse, je consens.

Elle s'habilla le plus lentement possible, fut entraînée plutôt qu'emmenée par la princesse, et le valet de pied ayant demandé les ordres :

— Ah! ah! dit la comtesse qui vit hésiter son amie en face de son laquais, voilà les difficultés qui commencent. Il est bien aisé de s'écrier : « Allons trouver ce jeune homme, » mais il n'est pas précisément facile d'exécuter ce généreux dessein. On a des gens peu habitués à deviner les sentiments chevaleresques.

La comtesse s'exprimait ainsi en langue russe. La princesse demeurait pensive. Le valet de pied, superbe Bourguignon, était bien loin de comprendre la cause d'une hésitation si longue; il crut qu'on ne lui répondait pas, parce que les ordres avaient été donnés avant que Caliste ne montât chez son amie.

— Au bois, peut-être, madame? dit-il.

— C'est cela, au bois, répliqua tout à coup Caliste.

— Changerait-elle d'idée? se demanda Mme Gorthiany. Au fait, les plus courtes folies sont les meilleures, dit-elle tout haut, avec une joie qui n'était pas affectée.

XI

Le temps était superbe. Il y avait foule sur la vieille route si étroite et si mal pavée qui, en ce temps-là, conduisait de l'Étoile au bois de Boulogne.

En ce temps-là! ne dirait-on pas que nous parlons d'un siècle.

Tout à coup, Caliste rompit le silence.

— Zika, dit-elle, voici mon plan; j'ai eu beaucoup de peine à le faire, mais il est bon. Nous nous ferons descendre dans l'allée des fortifications, comme pour marcher. Nous perdrons Baptiste sous un prétexte quelconque; nous monterons dans une voiture également quelconque, qui nous mènera où nous avons affaire.

— C'est fort joli, dit la Gorthiany, mais le savons-nous, seulement, où nous avons affaire?

— Oui, répliqua tranquillement la princesse.

Pourquoi Mme Gorthiany ne savait-elle pas qu'une femme connaît toujours l'adresse d'un homme... d'un homme dont elle a dessiné le portrait de souvenir?

Caliste ne pouvant faire cette réponse dans les

termes dont nous nous sommes servi, se contenta de répondre :

— Je sais... Ce jeune homme a donné cette nuit sa carte au prince qui ne l'a pas prise; j'ai vu l'adresse ce matin en brûlant cette carte qui me sautait aux yeux par hasard. Boulevard de la Madeleine.

Elle lui fit grâce du numéro.

La comtesse n'avait plus d'objections à faire. Le plan était excellent. Ne l'eût-il pas été, pourquoi l'attaquer, à moins d'y en substituer un autre?

On arriva rapidement à la grande allée. On descendit; on eut soin d'éviter beaucoup de salutations et de soupirs, Baptiste fut congédié avec le prétexte voulu. On l'envoyait à Madrid chercher un morceau de sucre.

La voiture nécessaire se rencontra au coin de l'allée d'Auteuil. On monta sans avoir été remarquées. Le cocher comprit que ces grandes dames étaient fort pressées; il lança son cheval de deux cents francs d'un train que n'eussent jamais gardé dix minutes les jeunes Mecklembourg de la princesse et que le malheureux solitaire ne quitta pas pendant trois quarts d'heure.

Dans cette nouvelle voiture, Caliste, ivre d'imagination, développa un nouveau plan à sa compagne émerveillée.

Il s'agissait de trouver un commissionnaire à la Madeleine, de l'intéresser, de l'envoyer chez M. de Bierges, qu'il ramènerait à la voiture, où ces dames l'attendraient. C'était magnifique et simple. Le commissionnaire fut trouvé sans peine par le cocher. Tandis que le cheval mangeait son avoine sans se donner le temps de souffler, ce qui lui eût fait perdre un coup de dent, on donna au commissionnaire toute sorte d'instructions précieuses, et cet intelligent Savoyard se dirigea d'un air calme vers la maison indiquée. Ces diplomates en velours vert-bouteille n'ont pas leur pareil dans aucune chancellerie du monde. Ils portent avec la même force un fardeau et un secret.

Tandis qu'il accomplissait sa mission, que le cocher se frappait les bras sous les aisselles et que le cheval mangeait, les deux dames rencoignées dans la voiture se dévoraient, l'une de dépit, l'autre d'impatience. La comtesse regardait fréquemment à la vitre. Caliste palpitait ; elle eût regardé en vain, elle ne voyait plus.

Enfin, par la portière opposée à celle que Mme Gorthiany surveillait d'un regard avide, reparut soudain le commissionnaire ; il était seul.

— Ce monsieur n'y est pas, dit-il.

— On vous avait recommandé de rapporter une réponse, dit Mme Gorthiany, une réponse du domestique.

— J'ai ramené le domestique lui-même, dit le Savoyard de génie.

En effet, derrière lui se tenait, dans l'attitude de la consternation, le vieux Joseph, son bonnet grec à la main, depuis qu'il avait aperçu un manchon dans la voiture.

— Eh bien ! M. de Bierges ? demanda bravement Caliste ; il est donc sorti ?

— Hélas ! madame, dit Joseph, non pas sorti, mais parti.

La princesse frissonna de la tête aux pieds.

— Comment, parti ? dit sa compagne un peu émue.

— Parti avec sa malle, voilà un quart d'heure, par le chemin de fer du Nord.

Caliste serra convulsivement la main de la comtesse.

— Bien, dit-elle.

Joseph salua respectueusement et s'en retourna la tête baissée.

XII

Un profond silence, bien employé de part et d'autre, succéda, dans la voiture, à l'agitation causée par cette nouvelle.

Mme Gorthiany se remit la première. Après un regard passablement dédaigneux pour sa compagne, qui, la tête enfouie dans son voile, semblait avoir perdu tout sentiment, toute idée :

— En vérité, dit-elle, vous voilà dupe encore une fois. Le chemin de fer du Nord ! qu'est-ce que cela signifie ? Il y a trois heures au plus que ce monsieur m'a quittée... Quelle résolution peut-il avoir prise ? quels renseignements peut-il avoir eus en si peu de temps ? Il supposerait donc que votre mari est parti par le chemin de fer du Nord ? Et d'abord le prince s'est-il dirigé de ce côté ? Vous ne le savez pas, vous, comment M. de Bierges le saurait-il ? Il est sorcier, peut-être ? Allons, Caliste, ne vous troublez donc pas pour si peu, ajouta la noble Polonaise, avec un malicieux sourire que la princesse ne voyait pas, mais qu'elle semblait sentir, car elle frissonna plus d'une fois, comme sous une pernicieuse influence.

Voyant qu'elle ne répondait rien, qu'elle ne bougeait pas, la comtesse reprit :

— Convenez que nous sommes bien enfants, pour qu'un mot nous bouleverse ainsi : le Nord ! faut-il que ce jeune homme nous croie stupides... le Nord !... Ainsi, s'est-il dit, au cas où mes fanfaronnades auraient produit quelque effet sur Mme Gorthiany, au cas où l'on ferait courir après moi pour prévenir quelque grand malheur, annonçons que je suis parti par le chemin de fer du Nord. Ce mot fera un effet magique sur des Russes. — Nord !... colosse du Nord... ajouta-t-elle en variant ses intonations comme pour dire tarte à la crème. Qui sait, Caliste, si ce pourfendeur n'est pas bien tranquillement chez lui, les pieds sur les chenets, à écouter en se mo-

quant de vous le récit du vieux sapajou qui lui sert
de valet de chambre. Qui sait s'il n'admire pas de
loin, par un coin de rideau levé, la pittoresque silhouette de votre véhicule, et du cocher qui savoure
son pain et son fromage. Réveillez-vous, Caliste,
nous ne sommes pas si perdues que cela. Retournons chercher votre voiture au bois de Boulogne,
voulez-vous ? car il se fait bien tard.

La princesse sortit effectivement de sa torpeur.
Mais ce fut le corps seul qui remua. Les yeux gardèrent leur fixité pensive, les lèvres ne se desserrèrent pas.

— Eh bien, si vous ne pensez pas, si vous ne parlez pas! s'écria la comtesse avec un redoublement
d'animation, je ferai toute la besogne ; tout ce qui
vous écrase me fait rebondir : voilà que je comprends
le chemin de fer du Nord !

Caliste leva les yeux vers sa compagne et la regarda
bien en face.

— Mon Dieu, oui, poursuivit la Gorthiany, je me
rappelle avoir entendu quelquefois M. Chaudray parler des superbes chevreuils que lui envoyait M. de
Bierges par le chemin de fer du Nord. Ce jeune
belliqueux a quelque chasse par-là, et il est parti tout
bonnement pour la chasse.

En achevant ces mots, elle se mit à rire avec affectation pour entraîner les nerfs de la princesse, car
on est désarmé, dit-on, quand on a ri; mais Caliste,
au lieu de rire, répondit froidement :

— Ce qui vous rassure, confirme mes craintes. M. de Bierges a en effet une chasse du côté d'Abbeville, je le sais : il y va souvent. Mais pour sûr, il n'y est pas allé aujourd'hui, et ne s'est servi de cette chasse que comme prétexte pour couvrir son absence et rassurer son père.

Mᵐᵉ Gorthiany allait demander à son amie comment elle savait si bien chaque détail de la vie d'Armand, mais la princesse ne lui laissa pas le temps d'aiguiser sa question.

— Ainsi, continua-t-elle en maintenant la comtesse dans ce trouble de la curiosité, je ne crois pas du tout que M. de Bierges soit parti par le chemin de fer du Nord.

— Où est-il alors? demanda Mᵐᵉ Gorthiany.

— Ah! voilà! dit Caliste qui semblait se consulter encore.

— C'est que, si vous l'ignorez, ma chère, interrompit l'amie avec une hypocrite douceur, je ne vous aiderai guère, moi qui ne sais pas, comme vous, les habitudes de ce jeune homme.

— Évidemment, reprit Caliste sans daigner relever cette flèche, ce jeune homme ira là où il pourra rencontrer le prince.

— Il ne reste qu'à savoir où le prince est allé, riposta la Gorthiany d'un ton aigre.

Caliste après quelques secondes :

— Ne le savez-vous pas? dit-elle timidement.

— Moi ! s'écria la comtesse troublée, et comment voudriez-vous ?...

Caliste l'interrompit :

— Je vois que je ne pourrai pas éviter l'explication devant laquelle j'ai tant reculé, dit-elle avec une politesse pleine de fermeté qui fit frémir la comtesse.

— Une explication...

— Courte et claire. Vous voudrez bien me la donner comme je vous la demande, sans amertume ni réticences.

— Princesse...

— Gardez tout votre sang-froid, car vous allez en avoir besoin, dit Caliste. Fermez bien la portière... là. Nous avons beau causer en russe, je ne veux pas qu'on nous entende. Comtesse, lorsque j'ai dû épouser M. le général Novratzin, qui se débattait si vivement contre ma main que lui tendait l'empereur, cette résistance lui était suggérée, m'a-t-on dit, par une femme qu'il aimait et qu'il eût épousée à ma place.

La comtesse fit un mouvement brusque. Caliste lui prit le poignet, le serra, et continua :

— Après mon mariage, le prince non-seulement me négligeait, mais il me haïssait. On m'a dit encore que c'était à l'instigation d'une femme, d'une femme sa maîtresse. Écoutez-moi, comtesse Gorthiany ! vous répondrez quand j'aurai terminé.

La comtesse devint livide.

— Des amis, qui se disaient bien informés, et que jamais je n'ai voulu croire, offraient de me nommer, de me démasquer cette femme. Mais à quoi bon, leur répondais-je, je n'aime pas le prince Novratzin: il a éteint chez moi jusqu'à l'estime : je ne lui demande que du repos et du silence. En effet, comtesse, que me manquait-il en ce monde? rien : je suis jeune, belle, riche et protégée par notre maître, j'ai près de moi une excellente amie, vous, qui suffisez à tous les besoins de mon cœur; vous êtes aussi l'amie du prince, et vous m'avez, j'en suis sûre, défendue plus d'une fois contre lui.

La comtesse voulut placer au moins une syllabe, elle n'y put réussir.

— Vous voyez, reprit Caliste, si je manque de force d'âme, puisque j'ai su vous taire si longtemps ce que je vous révèle aujourd'hui. Oui, croyez-le bien, je suis forte et vaillante quand il le faut. Mais je n'use pas ma provision de bravoure en petits complots et en caquetages. Si l'occasion d'agir se présentait, j'agirais avec un cœur d'autant plus énergique qu'il serait moins fatigué. Dieu merci, cette occasion ne s'offrira jamais je l'espère. Cependant, une attaque bien perfide a été dirigée cette nuit contre moi, contre mon honneur. Vous en savez les détails; votre opinion doit être formée comme la mienne. Lorsque, ce matin, vous êtes venue me rendre visite, sur ma prière, et que touchée de mon abattement vous avez voulu me consoler en me prouvant l'innocence du prince;

lorsque vous avez tout attribué à ce jeune homme, je ne vous ai rien dit, je vous ai laissé dire : je n'étais pas dans un de mes accès de vaillance. J'ai parfaitement compris alors votre rôle. Amie de mon mari, vous ne pouviez l'accuser avec moi, vous deviez même le défendre. Est-ce logique, tout ce que je viens de vous dire? est-ce vrai? Oui. Voilà pourquoi j'ai ménagé votre délicatesse, voilà pourquoi je vous ai raconté toute l'aventure de cette nuit, sans paraître me douter que vous la connussiez aussi bien que moi, mieux que moi peut-être.

La comtesse se redressa soudain sous ce coup de fouet terrible.

— Que prétendez-vous, Caliste? murmura-t-elle décontenancée une deuxième fois, moi, savoir cette aventure ! et pourquoi, et comment?

— Parce que c'est la vérité, répliqua la princesse avec calme en modérant même l'ardeur de ses yeux impatients. Ne niez pas trop, se hâta-t-elle d'ajouter avec un sourire. Ce matin, ou pour mieux dire cette nuit, après le départ du jeune homme, j'ai réfléchi beaucoup. Je me suis dit que le prince ne s'en retournerait pas comme cela tout de suite à Saint-Pétersbourg. Je supposais qu'avant il s'adresserait à quelqu'un pour avoir un bon conseil : où le trouver meilleur que chez vous? Voyons, me suis-je demandé, s'il aura l'heureuse idée de s'adresser à mon amie, voyons s'il ira chez elle? J'ai envoyé quelqu'un de confiance faire le guet devant votre porte, et cela m'a parfaitement réussi, car, à onze heures vingt minutes, on a vu le prince sortir de votre maison.

La comtesse, malgré toutes les préparations qui lui avaient laissé le temps de se remettre, ne put s'empêcher de chanceler sous ce dernier choc. Sa langue s'embarrassa, ses yeux se troublèrent; elle rougit, pâlit, c'était à faire pitié.

— Je sais, s'empressa de dire Caliste, l'excuse que vous allez me donner. Le prince vous a recommandé de me taire sa visite; c'est tout naturel, j'en eusse fait autant. Aussi, chère comtesse, ne vous-aije surprise dans vos petits secrets que pour obtenir de vous une capitulation de conscience...

— Le prince, murmura la Gorthiany, n'est pas si loin que vous pensez d'une réconciliation... Il faudra peu de chose pour l'y déterminer, si j'étais sûre que vous voulussiez consentir...

— Ne parlons pas de cela, dit fièrement Caliste. Réconciliation ou hostilités, je méprise également tout ce qui viendrait de M. Novratzin. Je ne vous ai point parlé de sa visite pour savoir quels sont ses sentiments à mon égard, mais pour apprendre où il est, ce qu'il fait et quelle route il se propose de suivre. Voilà, ma chère comtesse, sur quoi je vous demande une réponse aussi nette que possible. En effet, puisqu'il prétend négocier par votre entremise, il est invraisemblable que le prince ne vous ait pas donné son adresse au cas où vous auriez à lui faire part du résultat des négociations.

La logique était si pressante, que Mme Gorthiany n'eût su reculer un moment de plus. Caliste la vit chercher sa réponse : la vérité refoulée si loin dans ce cœur plein d'abîmes ne pouvait remonter jusqu'aux lèvres sans de grands efforts.

— Avant que vous ne me répondiez, dit la princesse avec dignité, je veux vous ouvrir toute mon âme. Si M. le prince Novratzin prétend user de la surprise de cette nuit, je saurai me défendre ; j'ai de bonnes armes contre lui, et contre d'autres, croyez-le bien. C'est un compte à régler plus tard entre mes ennemis et moi. Pour le moment, il ne s'agit que de sauver M. de Bierges du péril où le conduit sa générosité. J'ai pour ce jeune homme infiniment d'estime ; il est offensé par mon mari, par mon amie, par moi ; il veut se venger, et il a raison. Mais si je le laissais, tout brave qu'il est, croiser le fer avec M. Novratzin, je commettrais une lâcheté, un crime : femme du prince, en exposant la vie de mon mari ; honnête femme, en exposant la vie d'un jeune homme plein d'honneur, de loyauté, seul appui, seul amour d'un vieillard. Jamais, comtesse, dussé-je m'y perdre ! Je sauverai d'abord M. Armand de Bierges ; ensuite, je ne le connaîtrai plus. Où s'est retiré le prince en sortant de chez vous ?

On peindrait difficilement l'effroi, la surprise, l'admiration de la comtesse pendant que son amie se relevait ainsi par une brusque transfiguration. Quoi ! cette nature passive, indolente, cachait un caractère !

Quoi! tant de secrets couvaient sous cette surface unie! La comtesse frissonnait à l'idée qu'un seul mot de Caliste ajouté à ses menaçantes confidences l'eût fait tomber déshonorée aux pieds de sa rivale; et ce mot, Caliste avait eu la générosité ou l'adresse de le retenir! Que faire? Lutter encore, c'était impossible. Il fallait capituler sur-le-champ, sans réserve; s'en remettre à la discrétion du vainqueur, en le remerciant d'être si modéré dans ses exigences.

Mᵐᵉ Gorthiany courba la tête, sauf, plus tard, à se redresser.

— Le prince, répliqua-t-elle, a dû passer chez l'ambassadeur; puis, comme il avait amené deux amis, Bamba et Tuffiatine, — vous le savez peut-être, — il a promis à ce dernier de passer deux jours à sa maison de Belle-Assise, près Corbeil.

— Près de Corbeil, répéta Caliste qui, sur-le-champ, improvisa un plan nouveau.

— A deux lieues. De là, il reprendra le chemin de fer de Lyon, car il se rend dans le Midi.

— A merveille, je vous remercie, bonne Zika.

— Ne me remerciez pas tant, princesse, dit la Polonaise, car je ne vous ai pas donné ce que vous voudriez avoir. A présent que vous savez où trouver le prince, vous ne retrouverez pas le jeune homme, c'est comme si nous n'avions rien fait.

Caliste allait pousser une exclamation qui eût livré à sa rivale une partie de sa pensée; mais elle se tut.

— Qui sait? dit-elle. Me voici sur la voie, c'est

beaucoup. Faites-moi un plaisir, chère amie, retournez chez vous. Mes gens, lassés d'attendre au bois, viendront savoir de mes nouvelles à votre porte. Vous leur ferez dire que je dîne et passe la soirée avec vous.

— Mais, vous-même...

— Moi, je vais m'informer en divers endroits où je compte trouver des traces. Allez, dis-je, m'attendre chez vous. Est-ce convenu?

— Oui, chère.

— Gardez notre voiture, je n'en ai pas besoin, ajouta Caliste en s'élançant légère comme un oiseau sur le boulevard, où bientôt elle disparut, laissant la comtesse ébahie devant cette fermeté, cette audace et la vigueur de ces inspirations soudaines.

Une fois seule parmi la foule et bien perdue dans le brouillard du soir, Caliste se recueillit un peu.

— Il est certain, se dit-elle, que M. de Bierges n'est parti si vite de chez lui qu'avec une idée et un but bien arrêtés; sinon il fût resté pour attendre les renseignements. Il sait donc le chemin qu'a suivi le prince? Comment le sait-il? c'est ce que je ne veux pas chercher pour le moment ; mais je jurerais qu'il le sait. Un hasard a suffi pour l'instruire. Or, chaque fois que l'honneur d'une femme ou la vie d'un homme est en jeu, le diable a toujours dans ses cartes quelque bon petit hasard pour gagner cette belle partie. Au surplus, je vais bien le savoir ; car moi aussi j'ai mon idée, mon but, et à diable, diable et demi !

Elle doubla le pas pour arriver à la lanterne d'un marchand de journaux installé à l'entrée de la rue Caumartin, et elle fit emplète d'une feuille de chemins de fer qu'elle parcourut avidement à la lueur de ladite lanterne.

XIII

On a prétendu souvent que la passion ne raisonne pas. C'est un de ces paradoxes niais qui dérivent tout droit de la mythologie, alors que l'amour passait pour voler les yeux bandés. Les choses ont beaucoup changé depuis que Cupidon n'est plus un dieu.

Rien ne raisonne plus juste et plus fortement qu'un cerveau préoccupé d'amour. Il y a là tant de dangers à éviter, tant de joies à atteindre, qu'un esprit médiocre se décuplerait par les seuls instincts de la conservation et du bien-être.

Caliste n'était pas un esprit médiocre. Aussi, du premier coup, avait-elle deviné la marche et les contre-marches du fugitif Armand.

Celui-ci, à son retour de chez la Gorthiany, était tombé sous la griffe paternelle. En vain méditait-il dans sa colère toute sorte d'extravagances féroces. M. de Bierges, le conseiller, réduisit cette fureur à une simple écume, en menant son fils chez la baronne Chaudray, pour la remercier et la dégager à la fois de ce mariage aussitôt manqué que mis en train.

Étrange fatalité ! Ces trois personnes causaient à peine depuis dix minutes, et Armand déjà songeait à la retraite, quand arriva, bruyant et tourbillonnant, M. Chaudray, bourré de journaux, d'images, de verroteries, et mâchant je ne sais quelle drogue importée d'Australie, qu'il prétendait faire bientôt substituer en France au tabac et aux bonbons pectoraux tout ensemble.

Nécessairement il brouilla le peu de conversation qui restait à dévider entre ces trois personnes, et jeta, tout à travers, plus de vingt nouvelles et autant de questions dont il n'attendait pas les réponses.

La baronne, à son tour, le voyant mâchonner, lui demanda ce qu'il mâchonnait.

— C'est, dit-il, une herbe sucrée, gommeuse, que m'a donnée l'amiral Bamba; goûtez-en donc, de Bierges.

On voulut savoir où il avait vu l'amiral Bamba, il répondit que c'était avec le comte Tufflatine; puis, tout à coup, éclatant comme une trompette :

— Et Tufflatine, dit-il, avec qui croyez-vous que je l'ai trouvé chez l'ambassadeur ? Devinez ?

C'était une des manies du savant de faire deviner tout ce qui lui passait par la tête. Quelquefois, par complaisance, la baronne essayait. Ce jour-là elle ne voulut pas.

— Avec Novratzin! dit Chaudray, sans s'apercevoir du bond qu'Armand venait de faire.

La baronne et le conseiller, plus clairvoyants, regardèrent le jeune homme, qui résolut de s'enfoncer les ongles dans la chair, et d'avaler tout le paquet d'herbe gommeuse d'Australie plutôt que de laisser mouvoir un muscle de son visage.

— Novratzin! dit alors la baronne, le prince Novratzin!

— Chut! fit le baron.

— Il est à Paris? continua Mme Chaudray.

— Chut! il passe!

— C'est donc bien mystérieux, interrompit la baronne, puisque la princesse, hier, le disait absent pour trois mois encore.

— Il est venu la surprendre cette nuit, comme un ramier, dit le savant, et il est reparti ce matin. Tuffiatine l'emmène chasser deux jours à Belle-Assise. Ils m'ont invité. Ensuite il part pour Marseille... Une mission secrète...

— Belle-Assise, demanda Armand, c'est...

— C'est près de Corbeil, de l'autre côté de l'eau, répliqua le baron. Un séjour enchanté.

Le conseiller leva le siége, son fils l'imita.

— Eh bien, monsieur, il était écrit que vous recevriez du gibier, dit Armand à M. Chaudray, car je vais partir aussi pour la chasse, et vous aurez après-demain une belle bourriche.

— Comment, tu pars... dit le père, tu ne m'en avais pas parlé ?

— Je l'avais oublié, cher père, est-ce que cela te contrarie ?

— Ce n'est jamais cela qui me contrariera, répondit le conseiller avec un soupir à l'adresse de la baronne.

Celle-ci tendit sa main à Armand qui la serra et la baisa par reconnaissance pour tant de générosité.

Quelques instants après, le père et le fils étaient rentrés chez eux. Il était trois heures, Armand commandait sa malle et envoyait chercher une voiture.

Ce départ soudain n'étonna ni ne fâcha le conseiller. Joseph seul en fut inquiet, mais qu'y faire ?

Armand voyant son père à cent lieues d'un soupçon, distribua en quelques minutes le plan du petit drame qu'il préparait pour le lendemain.

Prendre le chemin de Corbeil, y coucher, envoyer un billet à M. Novratzin au réveil de celui-ci, rédiger ce billet assez poliment pour obtenir une rétractation si l'adversaire était loyal, assez vigoureusement pour l'amener sur le terrain s'il était brave, prendre un officier de la garnison pour témoin, et revenir à Paris sauf ou entamé, après un combat dont le Russe garderait un éternel souvenir : tel était le canevas de l'acte ; fioritures, agréments et broderies *ad libitum*.

Armand s'en alla tout d'abord chez Gauvain prendre une paire de bonnes épées, courtes et fines, qu'il fit empailler dans une bourriche longue en manière de lièvre ou de brochet. Puis, comme cinq heures sonnaient à la Salpêtrière, il descendit de voiture dans la cour du chemin de fer de Corbeil.

La cloche du départ tintait; l'employé de garde lui cria de se hâter; il laissa la pièce de cinq francs au cocher, fit signe au facteur de saisir sa malle, et il commençait à prendre sa course vers le guichet, lorsqu'un obstacle l'arrêta sur la dernière marche du perron. C'était une petite main qui se ploya sur sa poitrine.

— Un moment, de grâce! lui dit une dame voilée.
— Ah! mon Dieu! répliqua-t-il, pâlissant au son de cette voix.
— Mais, madame, cria l'employé, vous allez faire manquer le départ à monsieur.

Bah! la cloche tintait encore. Le guichet se ferma. Armand, sa bourriche à la main, n'avait pas bougé de place.

XIV

L'effet produit sur Armand par cette vision magique révélait à la princesse toute l'audace de la démarche qu'elle venait de faire. Une sorte d'impatience naturelle en pareil cas s'empara d'elle et se trahit par un mouvement nerveux qu'elle ne songea pas même à réprimer.

— Monsieur, dit Caliste, on nous regarde ici comme des bêtes curieuses; quittons un peu la gare, je vous prie.

Elle se mit à le précéder, marchant au hasard. Elle suivit le bout de rue qui conduit au boulevard de la Salpêtrière. Armand, décontenancé, donna sa bourriche au facteur pour qu'il la réunît à sa malle, et, doublant le pas, il rejoignit la princesse, dont les petits pieds, dans leurs bottines fourrées, battaient avec dépit la terre sèche et sonore.

Caliste, la tête baissée, arpentait le terrain; on eût dit qu'elle fuyait après avoir tant désiré. On passa devant le jardin des Plantes; on arriva sur le quai près du pont d'Austerlitz.

A pareille heure, l'hiver, quand on quitte la trace battue qui de la ville aboutit au chemin de fer, tout le quartier est mort. Ce quai de la rive gauche ne mène à rien. L'Entrepôt, qui fait suite au jardin des Plantes, est désert; çà et là un gardien silencieux passe comme un fantôme derrière les grilles.

A droite, près du parapet dont le trottoir est large, et qui, en cette saison, descend à plomb dans la rivière gonflée, les passants sont bien rares, mais la vue est si magnifique, Paris se présente de ce côté sous un aspect tellement splendide, que la promenade sur ce quai offre un spectacle des plus émouvants : la nuit surtout, quand les premiers rayons de la lune viennent argenter l'abside de Notre-Dame et la poupe de l'île, quand, en se retournant vers le midi, on voit la Seine, immense nappe illuminée de feux sinistres, rejoindre l'horizon noyé de brumes.

Caliste ne songeait guère à admirer tout cela. Elle cherchait sa première parole, embarrassante après un tel silence. Armand, qui la suivait à la remorque et roulait mille conjectures plus ou moins raisonnables, ne songeait pas non plus à ouvrir la conversation. Enfin la princesse se décida, non sans un redoublement de dépit.

— Il faut bien, monsieur, dit-elle, que je vous explique mon étrange présence. Vous me ferez grâce de toute question inutile, n'est-ce pas? et vous me permettrez de m'exprimer librement. J'ai appris l'entretien que vous avez eu avec Mme la comtesse Gorthiany, les idées fausses qu'on a pu vous donner de mes sentiments à votre égard. Il m'a paru que votre mécontentement, assez violent d'ailleurs, et que vous avez manifesté par des menaces non moins violentes, prenait sa source dans une apparence de raison. Vous vous croyez offensé par mon doute et celui de la comtesse, je viens réparer cette offense. Je viens vous affirmer que je ne crois pas à votre culpabilité; cette déclaration vous suffit-elle, monsieur, et n'emprunte-t-elle pas une certaine valeur à l'empressement plus qu'inconsidéré de ma démarche?

Armand s'inclina. La princesse cheminait plus lentement, comme pour entendre mieux la réponse.

— En effet, madame, répliqua le jeune homme sur qui le ton glacé de ces paroles avait produit une impression contraire à celle qu'on attendait du sens des paroles mêmes, il n'y a rien dans votre courageuse initiative qui ne me pénètre d'une profonde reconnaissance.

— Eh bien ! monsieur, dit Caliste de plus en plus froide et hautaine, puisque vous voulez bien reconnaître l'importance de ce que j'ai fait, je n'ai pas besoin de vous expliquer à quel point votre projet compromettrait mon honneur et mon avenir. Vous comprendrez aussi que vos menaces d'une rencontre avec le prince ne me permettaient pas de rester neutre, inactive. Le prince est mon mari ; que n'eussé-je pas fait pour ménager sa vie ! Sans doute vous n'avez point réfléchi, en dressant le plan de vos vengeances, au résultat qu'elles auraient pour moi et pour vous-même. Pour moi, qu'elles exposent à la honte d'un scandale public, à la colère de l'empereur ; pour vous, qui, sans motif sérieux, courez au-devant d'un danger immense... Mais j'en ai dit assez ; ma conduite a parlé plus haut que moi, vous avouez vous-même qu'elle a son mérite, et vous avez prononcé le mot reconnaissance. Voilà tout ce que j'attendais.

Caliste, après cette harangue dont l'effet ne lui semblait pas douteux, regarda obliquement son interlocuteur et fut surprise de l'attitude à la fois triste et hostile qu'il avait gardée. Elle s'était satisfaite elle-même, mais elle avait blessé l'âme qu'elle voulait fléchir. C'est précisément le contraire de ce que recommande Quintilien aux orateurs. Encore trop prévenue pour bien juger cette situation, la princesse ne quitta pas le ton acerbe, et dit à Armand qui ne répondait pas :

— Eh bien! monsieur, n'êtes-vous pas convaincu. Votre réponse?

Armand pensait, avec une douleur amère, que cette femme tant désirée, tant aimée, était là, seule, à son côté, le touchant, l'enveloppant de chaleur, de frissons magnétiques, et que ces minutes de leur réunion, qu'il eût payées d'autant d'années de sa vie, s'écoulaient dans un prosaïque antagonisme, et que cette occasion précieuse d'échanger quelques nobles pensées, quelques élans du cœur, ne se retrouverait jamais. Il étouffa un soupir qui eût trahi sa faiblesse, et rendu à lui-même par l'âpreté de la question, il répondit :

— Madame, le mot reconnaissance dont je me suis servi était, je le vois, un peu exagéré. Je ne me crois pas engagé envers vous à de la reconnaissance. Certes, votre démarche annonce un certain courage, et vous avez dû faire, pour me trouver ainsi, beaucoup d'efforts, que j'admirerais plus s'ils n'avaient pour seul but votre intérêt et celui de monsieur votre mari. Pour votre intérêt, passe. Vous m'obligez en le prenant. Celui du prince Novratzin me touche moins.

Permettez, madame, que je m'explique avec sincérité. M. le prince Novratzin m'a choisi pour acteur dans la mystification jouée à son bénéfice. Il a fait de moi un plastron. Ce n'est pas un rôle dans mes facultés. Je ne vois pas pourquoi, s'il s'en est bien trouvé, s'il s'en est bien diverti, monsieur votre mari ne recommencerait pas la plaisanterie dans une quinzaine, avec des agréments nouveaux, avec des gendarmes ou une volée de bois vert pour dénoûment. J'aime mieux que tout cela finisse. Assurément, madame, l'affaire fera quelque bruit, et votre intérêt à vous peut en souffrir, mais veuillez permettre que je songe au mien, que je songe à mon honneur, puisque vous n'avez pas daigné en faire mention. Quant aux dangers qu'il vous a plu de me signaler, je n'ai pas l'esprit assez mal fait pour croire que vous ayez grande confiance en un pareil argument; le danger m'attirerait au contraire vers la résolution que vous me déconseillez. Et puis, rassurez-vous, si M. le prince Novratzin est militaire, s'il est habile à manier les armes, je ne lui cède en rien de ce côté; je tire l'épée aussi bien que personne; je me défendrai, soyez tranquille.

Caliste devina bien à l'accent irrité du jeune homme, à la verdeur de ses répliques, tout ce qu'elle avait perdu de terrain par un début maladroit. Cette nature nerveuse et ferme d'Armand devait être ménagée, non pas heurtée. Elle se repentit, mais il était trop tard.

— Enfin, dit-elle, monsieur, vous voilà encore une fois en colère. Vraiment vous êtes bien irascible, et j'espérais mieux de mes procédés envers vous. Mais il n'est pas possible que votre ressentiment soit sincère, je vais vous le prouver. Ou le prince est l'auteur de la mystification, et alors il ne vous croit pas coupable, — ou il ne l'est pas, et peut vous accuser. Dans le premier cas, c'est à moi que l'injure est faite, à moins que vous ne vous trouviez offensé d'être regardé comme l'objet de mes préférences. Dans la seconde hypothèse, que ne devez-vous point pardonner à un mari qui trouve chez sa femme un jeune homme à trois heures du matin ? Voyons, de bonne foi, y a-t-il matière à un combat, dans de pareilles circonstances ?

— J'adopte cette double hypothèse, répliqua vivement M. de Bierges, et j'y réponds. Si monsieur votre mari, auteur de la mystification, me voit demeurer calme et digérer cette injure atroce, nul doute qu'il ne me prenne pour un abominable lâche, ou pour votre amant, madame. S'il me croit coupable, s'il pense que c'est moi, qui, avec une clef, donnée par vous, peut-être, me suis glissé dans votre boudoir, mon devoir le plus impérieux est de l'aller trouver et de lui prouver mon innocence et la vôtre. C'est mon plan, c'est ma volonté inébranlable ; autrement, nous sommes déshonorés tous deux, vous et moi, tant que je n'aurai pas rapporté une rétractation en bonne forme, signée Novratzin, qui établisse la vérité. Cette rétractation, je compte avoir l'honneur de vous l'offrir, madame; vous la serrerez bien précieusement dans votre écrin; elle pourra vous servir, si jamais votre mari, qui, certainement, vous a tendu ce piége, essayait quelque nouvelle perfidie, et alors, princesse, au lieu de vous emporter contre moi, au lieu de me calomnier, comme peut-être vous le faites dans le fond du cœur, — oh! je ne suis pas dupe du mouvement qui vous amène à moi! — au lieu, dis-je, de frissonner à mon souvenir comme au contact de quelque bête désagréable, vous vous direz : j'avais été injuste pour M. de Bierges; il m'a rendu un service pour une offense, c'est un homme d'honneur. Voilà tout, madame, je n'en demande pas davantage, mais je l'aurai.

A mesure qu'il parlait, sa voix pénétrante allait fondre jusqu'au cœur de Caliste les glaces d'emprunt, pauvres remparts, qu'elle y avait péniblement amoncelées.

— Je ne vous calomnie pas, murmura-t-elle, et vous ne devriez pas m'en accuser. L'eussé-je fait, d'ailleurs, j'en aurais bien du regret maintenant que vous annoncez des sentiments si délicats et si dévoués... Mais, monsieur, ces sentiments mêmes vous engagent : puisque vous travaillez pour moi, consultez-moi sur mon intérêt véritable. Je le connais mieux que personne. Une femme est bon juge quand il s'agit de sa réputation. Monsieur, je vous demande avec instance de me sacrifier vos projets. Renoncez à toute explication avec le prince, ou je suis perdue... et perdue par vous ! Est-ce votre intention ?

Elle s'était rapprochée de lui, c'est-à-dire qu'arrêtée au bord du parapet, elle laissait le vent de la rivière pousser vers Armand son voile qui lui caressait le visage, et son manteau, tiède encore de sa chaleur, qui entourait toute une épaule du jeune homme.

— A Dieu ne plaise, répondit-il, troublé jusqu'au fond de l'âme. Mais vous vous trompez, madame, et vous êtes mauvais juge de votre intérêt, de votre honneur même. Je crois que ce combat où je serai l'agresseur prouvera clairement mon innocence, car vous l'eussiez empêché si vous eussiez eu le moindre droit sur moi. Après cette affaire, M. Novratzin, qui n'y succombera pas, j'espère, ni moi non plus, fera des réflexions salutaires et ne se servira plus de moi pour vous tourmenter comme il le médite. Que je m'abstienne, il vous menacera perpétuellement de moi. Est-ce une situation admissible ? N'ai-je déjà pas assez souffert, et ne me reste-t-il pas encore assez à souffrir ?

Caliste releva la tête ; son regard, éteint sous l'épaisseur de la dentelle, sembla interroger Armand sur la nature des souffrances qu'il prévoyait. Il y avait dans cette question muette quelque chose de doucement familier qui encouragea le jeune homme ; il fit un effort, et détournant la tête pour cacher son émotion.

— Oui, madame, dit-il d'une voix étouffée, je souffrirai cruellement : ce que m'a fait M. Novratzin aura des conséquences qui rejailliront sur toute ma vie. Qui me dit qu'un jour, moi qui vous rencontrais partout, qui vous cherchais et vous suivais comme le corps suit l'âme, qui me défend de croire qu'à force de patience, de respect, de soins délicats, je ne fusse point arrivé à fixer vos yeux, votre pensée, à obtenir votre amitié, pour récompense d'un loyal et pur attachement? Enfin, madame, c'était mon rêve. Qu'en a fait cette brutalité de votre mari? me voilà ridicule, me voilà méprisé! Vous n'avez plus le droit de me recevoir chez vous, depuis que la trahison m'y a fait entrer en cachette; s'il m'y trouvait, ce prince, quel accueil m'y ferait-il? Bien plus, dans le monde même, dans un salon neutre, s'il me voyait assis à vos côtés, s'il surprenait un de vos sourires... Oh! mais, madame, cette pensée seule vous effraye : moi elle m'exaspère... Le terrible ennemi que cet homme, dont la ruse machiavélique me sépare pour toujours de vous, et m'interdit même de vous saluer si je vous rencontre! N'est-ce pas une habile manœuvre, madame, et ne mérite-t-elle pas le prix que je lui destine? Ah! si je me la refusais, cette vengeance, seule compensation à tous les biens que je perds, à tous les maux qui m'attendent, si vous insistiez pour me retenir, je vous dirais plus cruelle que mon ennemi lui-même. A présent, madame, ce n'est plus l'homme d'orgueil, l'homme aux vulgaires susceptibilités qui vous parle. Je vous ai ouvert mon âme tout entière. Insulté, bafoué, menacé, j'oublierais tout, s'il restait en ce misérable cœur un point que la douleur et le désespoir aient respecté. Mais à quoi bon ménager ceux qui m'écrasent? Je vous perds, c'est fini. Laissez-moi parodier un mot célèbre : Après vous, madame, la fin du monde!

Caliste, en proie à un combat terrible, se détournait aussi, et ses angoisses éclataient dans sa pâleur et le tremblement de tout son corps. Rien n'empêchait Armand de penser qu'elle tremblât ainsi de colère.

Elle se redressa tout à coup, posa une main sur le bras du jeune homme, qui tressaillit, et assurant sa voix que brisaient mille soupirs :

— Enfin, dit-elle, je suis venue vous adresser une demande, vous faire une prière; est-il vrai que vous me refusiez? est-ce possible!

Armand, dont le cœur battait si violemment qu'une parole n'eût pu arriver jusqu'à ses lèvres, s'inclina bien bas pour toute réponse.

Alors Caliste, emportée par un élan irrésistible, retira sa main qui brûlait ce malheureux.

— Monsieur, dit-elle, il paraît que je n'avais aucun droit pour forcer votre consentement ; si vous m'en eussiez reconnu, vous ne vous battriez pas avec le prince. Vous venez de le dire. Eh bien! tenez, ajouta-t-elle en détachant son bracelet qu'elle tendit au jeune homme, ce médaillon, c'est mon portrait que j'ai dessiné comme j'avais dessiné le vôtre, prenez-le, je vous le donne, et, ce portrait sur le cœur, allez tuer mon mari ou vous faire tuer de sa main. Adieu!

Elle s'enfuit à ces mots, laissant Armand ivre de tout ce qu'il venait d'entendre. Mais un éclair de raison le ranima; il courut à elle, se jeta à genoux devant ses pas.

— J'obéirai, dit-il, comme votre esclave, mais reprenez ce médaillon, car vous ne m'aimez pas.

Il lui offrait le bracelet à son tour. Elle leva son voile pour découvrir ses yeux d'où tomba un rayon céleste sur Armand agenouillé. Puis, sans même repousser la main étendue vers elle, palpitante, étouffant son cœur joyeux, elle reprit sa course et disparut.

Lorsque Armand se releva, il eût pu croire qu'il se réveillait après un beau rêve, sans le poids de ces chaînons d'or qui s'entre-choquaient dans ses doigts.

XV

Le soir même, Caliste apprit à la comtesse Gorthiany que ses démarches avaient été couronnées de succès. L'amie fidèle, voyant qu'on supprimait tout détail, se garda bien d'en demander aucun.

Il y avait dans le ton de voix, dans l'attitude de la princesse quelque chose de mesuré, de solennel qui en apprenait à Mᵐᵉ Gorthiany beaucoup plus qu'on n'eût pu lui en dire.

Lorsque la princesse sortit de table, où elle n'avait pu réussir à prendre autre chose qu'un peu de vin sucré, elle secoua fébrilement la rêverie que tous ses efforts n'avaient pu vaincre.

— Chère Zika, dit-elle, vous avez été fort bonne pour moi aujourd'hui, et je ne l'oublierai pas, soyez-en sûre. Ce grand danger évité, grâce à vous, je n'ai plus désormais rien à craindre, et la vie s'offre toute nouvelle à mes regards.

En prononçant ces paroles, malgré elle, son visage resplendissait.

Il n'est pas une souffrance que des cœurs vaillants ne parviennent à dissimuler. Mais pas un cœur mortel n'est de force à cacher le reflet de cette flamme divine qu'on appelle l'amour heureux.

Au moment où Caliste prenait congé de son amie, celle-ci, qui lisait cette grande nouvelle sur son visage, murmura en souriant avec une intelligente haine :

— Le danger qu'elle croit évité commence. Et cette femme, qui ne voulait point être perdue par les autres, se perdra bien plus sûrement elle-même.

XVI

Ce soir-là encore, tandis qu'on croyait Armand de Bierges parti pour la chasse, Mme Chaudray monta en voiture pour aller rendre à Mlle Dampmesnil la réponse définitive que le conseiller, doublé d'Armand, lui était allé porter dans la journée.

La baronne, déroutée par les subterfuges plus ou moins adroits du jeune homme, n'eût pas su, par elle-même se faire une conviction. Tout ce qui ressortait nettement de l'entretien, c'est qu'Armand ne voulait pas se marier. Mme Chaudray l'annonça sans préparation à Lucienne.

Celle-ci reçut la communication avec son impassibilité lacédémonienne.

— Aime-t-il cette princesse? demanda-t-elle à la baronne. Vous m'aviez promis de m'en informer.

— Chère enfant, c'est délicat. D'abord je ne le crois pas : voilà pour ce qui me concerne..

— Cela me suffit, répliqua vivement Lucienne. Ce jeune homme a bien le droit de donner quelques jours de plus à sa jeunesse, à sa liberté.

— Et puis, votre amour-propre n'aura pas à souffrir, ajouta la baronne, puisqu'on ne sait pas nos petits projets.

— Sans doute.

— Effaçons donc tout cela, reprit Mme Chaudray, et si, lui, veut user ainsi sa jeunesse, ne perdez pas toute la vôtre. Je m'en vais m'occuper de chercher ailleurs.

Lucienne l'arrêta par un geste et un sourire pleins de douceur.

— Inutile, dit-elle.

— Comment?

— Je ne veux pas non plus me marier, chère madame. J'ai aussi mes caprices.

— Ah çà, chère petite, dit Mme Chaudray qui regarda bien fixement Lucienne, sans que celle-ci perdît contenance ou changeât seulement de couleur, savez-vous bien que vous me feriez venir de singulières idées.

— Lesquelles, madame? dit Lucienne toujours souriant.

— Mais votre obstination signifierait... faut-il que je vous le dise?

— Dites.

— Vous avez donc quelque chose... là... pour ce jeune homme?

— Oui, chère madame, je l'aime.

La baronne bouleversée allait se récrier.

— C'est l'unique pensée de ma vie, poursuivit Lucienne, la seule lueur de mon horizon. Il n'est pas marié, n'est-ce pas ? eh bien ! tant qu'il ne sera pas marié, je garderai mon secret avec mes espérances. Il ne m'a jamais vue ; je chercherai une bonne occasion pour qu'il me voie. Après, s'il me refuse, eh bien ! il sera temps de me chagriner. Jusque-là, conservez-moi votre amitié, permettez que je vous parle quelquefois de lui, et ne lui parlez jamais de moi.

— Chère Lucienne, dit la baronne touchée de cette noble et tendre patience, vous méritez bien d'être heureuse.

— Oh ! je le serai, dit-elle. Eh quoi ! je le suis, j'espère et j'attends.

XVII

L'amitié est le plus terrible écueil des femmes. Pas une n'a jamais su prévoir les dangers ni fixer les limites de ce sentiment que toutes opposent triomphalement à l'amour, et qu'elles finissent par si bien exagérer, qu'il dépasse l'amour même.

Peut-être dira-t-on, que cette prétendue amitié peut vivre quand elle n'est pas en réalité de l'amour, d'autant plus à redouter qu'il se cache sous un nom d'emprunt. C'est possible. Et pourtant, si l'amitié entre une femme et un homme voulait bien n'être pas exclusive, si elle se contentait de manifestations apparentes, si, en un mot, se défiant des entraînements, fuyant la séduction sous toutes ses formes, elle ne se complaisait pas à prendre sinon les bénéfices du moins les jalousies de l'amour, bientôt cette amitié, toujours altérée, jamais assouvie, mourrait de consomption ou vivrait si maigre, si macérée, que ses clients chercheraient fortune ailleurs, et se contenteraient du plus petit amour capable de nourrir son monde.

Mais non : la société a ses hypocrisies; chaque hypocrisie est le manteau d'un péché. Quand, pour un motif ou pour un autre, — les motifs ne manquent jamais, des amis se cachent, fuient le monde, courent chercher les arbres d'une solitude, et dérobent avec un soin de conspirateurs leurs serrements de mains, leur sourire, leur rendez-vous, ces amis-là, fussent-ils innocents comme des lis, ne convaincront personne de leur innocence, par la raison fort simple qu'ils n'en sont pas convaincus eux-mêmes. Bien plus, ils cesseront avant peu d'être innocents.

Voilà ce qui devait arriver aux deux cœurs dont ces chapitres composent l'histoire. Voilà ce qu'avait prévu, dans sa froide habitude, la comtesse Gorthiany.

Comment, dans quels détails et par quelles transitions délicates arrivèrent-ils aux dénoûments vulgaires et y arrivèrent-ils? c'est ce que l'historien se garderait bien de raconter. Il n'est pas de ceux qui troublent l'oiseau dans sa mousse, le rêveur sous ses allées, l'amoureux dans son nid. Il respecte tout ce qui est mystère, bénit tout ce qui est bonheur; assez d'autres font la police du monde et punissent les gens heureux.

Tout à coup, au milieu de ce silence et dans ce paradis en fleurs, la foudre éclate et tombe. Une guerre, comme nos pères seuls disaient en avoir vu et comme plus tard ils avouèrent que personne n'en avait pu voir, une guerre de géants s'allume. Bientôt s'enfuient avec des gémissements les dames russes, les Polonaises rappelées dans leur patrie; de larges vides, pareils aux trouées des boulets, s'ouvrent dans les salons parisiens. Chaudray fait chaque jour des adieux nouveaux, et frémit à l'idée qu'il embrasse pour la dernière fois un de ses deux cents amis, marin, soldat ou diplomate.

La comtesse Gorthiany partit une des premières, rappelée par son frère le comte de Würgen, colonel au service du czar. Ce comte de Würgen, plein d'esprit et d'ambition, ne voulait pas que sa famille manquât de zèle en une circonstance de cette gravité; l'empereur Nicolas s'en fût aperçu, la note eût été mauvaise pour l'avenir du colonel. Sophia Gorthiany, la Zika fidèle de Caliste, s'envola donc vers le Nord, en pleurant de rage. Elle abandonnait, au meilleur moment, sa vengeance et l'humiliation de sa rivale. En effet, si habiles que Caliste et Armand se fussent montrés à la dépister, ils n'avaient pu l'empêcher d'avoir des soupçons, des certitudes, et pour une pareille femme la preuve ne pouvait longtemps se faire attendre.

Cette guerre subite, sauva momentanément la princesse qui n'avait que deux ennemis sérieux à craindre. Sophia-Zika disparaissait, la distance désarme une pareille surveillante. Le prince Novratzin commandait une division russe avant le début des hostilités. Cette division, déjà voisine du théâtre de la guerre, entra immédiatement en campagne. Une fois occupé là, le mari de Caliste ne pouvait plus être dangereux pour elle.

Restait la question du départ de cette tendre amie. Ce furent entre Armand et elle, à ce sujet, de terribles dissertations politiques et morales. Quand on vit disparaître une à une les amies russes et polonaises, quand on apprit la présence de Novratzin à l'armée, Caliste s'aperçut qu'elle était regardée singulièrement à Paris par ceux-là mêmes qui la chérissaient le plus et la priaient le plus instamment de rester encore. Un jour même que ... baronne, et cependant elle ne savait rien, s'était aventurée à demander à la princesse le moment précis de son départ, celle-ci comprit bien qu'il n'y avait plus de remède, et aussitôt elle prit une grande résolution.

— Mon ami, dit-elle à Armand consterné de ce qu'il devinait depuis plusieurs semaines, voici ma situation en deux mots : l'empereur est refroidi pour moi, je ne saurais en douter ; ce sont les mauvais offices de mon mari ou les rapports de quelque espion de cour qui me valent cette demi-disgrâce. Un plus long séjour ici achèverait de me perdre. Ne nous dissimulons pas qu'une fois retournée à Saint-Pétersbourg je n'obtiendrai peut-être plus la permission de revenir en France.

Armand frémit. Son *amitié* était devenue un délire. Rien de plus facile à concevoir : jamais femme n'a réuni la beauté, l'esprit, le charme du commerce de de la vie au même degré que cette princesse Caliste. C'était, avec la merveilleuse instruction des Polonaises, instruction dont n'approchent point beaucoup d'hommes remarquables de notre pays, c'était une simplicité d'enfant, une naïve admiration pour la France, une ardeur de cœur, une fidélité d'âme, une solidité de relations qui faisaient d'elle une femme infiniment plus dangereuse à connaître qu'à voir. Ces admirables qualités n'avaient-elles pas leur ombre ? Oui, assurément ; mais en plein midi, quand le soleil inonde un cœur de sa chaleur et de sa flamme, l'ombre est imperceptible sous le rayon vertical. Armand et la princesse en étaient au midi de l'amour. Chacun d'eux voyait et adorait la lumière, rien que la lumière. L'ombre ne se dessine que plus tard.

Donc, Armand faillit devenir fou aux premiers mots que Caliste lui dit sérieusement de ce départ.

Ses raisons n'étaient pas mauvaises, d'un amoureux à une femme éprise; elles ne valaient pas le diable pour tout autre que pour un fou.

— Cette protection de l'empereur, disait-il, vous la perdrez tôt ou tard, car tôt ou tard vos ennemis l'instruiront de la préférence que vous donnez à ce pays; et puis, n'est-elle pas bien stérile, cette protection, n'est-elle pas bien cruelle, puisqu'elle vous lie à ce mari abhorré, puisqu'elle ne saurait s'exercer en dehors de cette chaîne où l'on vous rive?

Caliste ne disconvenait pas que le jeune homme eût raison.

— Considérez, ajoutait Armand, qu'une fois retournée en Russie on vous éloignera de moi pour toujours. Vous le redoutez vous-même. Eh bien, est-ce un avenir? Je ne dis pas que vous me fassiez la grâce de vous consacrer éternellement à moi; ce sont là des ambitions au-dessus de mon mérite, et vous êtes une femme tellement divine que je m'étonne d'avoir pu fixer un moment vos regards. Mais si ce n'est pour moi, que ce soit pour vous-même. On va vous tenir prisonnière; on va vous réconcilier avec votre mari. Si vous luttez, on vous brisera. L'appui que le valet trouvera dans son maître vous fera, vous, l'esclave du maître et du valet. Plus de relations entre nous, pas même de correspondance. Vous m'avez appris que là-bas une lettre est au czar comme la fortune, comme la vie de ceux à qui est adressée cette lettre. Le premier soin de vos geôliers sera d'intercepter ce que je vous écrirais et ce que vous répondriez. Que dites-vous de cette perspective ? A-t-elle bien de quoi satisfaire vos goûts, vos sentiments, vos besoins ? Ne regretterez-vous rien d'ici ! Ne me regretterez-vous pas ?

Ces discours, mêlés de soupirs et de brûlantes tendresses, n'eussent pas manqué leur but, avec moins d'éloquence. L'avocat peut être faible si la cause est gagnée dans le cœur du juge. Caliste laissait parler son ami, non pour être mieux persuadée, mais pour prolonger le charme des protestations d'amour.

Parfois elle objectait la reconnaissance envers son tuteur auguste, et le sentiment du devoir.

— Belle obligation que vous avez à ce despote, disait le jeune homme. En vous élevant, en vous dotant, il n'a fait que payer une dette sacrée. Vos pères n'ont-ils pas donné leur sang à ses pères ? Votre famille ne s'est-elle pas ruinée à son service ? Ici nous avons Saint-Denis et des dotations qui assurent l'existence d'une orpheline et n'enchaînent pas sa liberté. Au moins si le czar vous avait donné le bonheur, mais il a fait le malheur de votre vie. Qu'il vous rende libre, je lui aurai moi-même de la reconnaissance.

Armand extravaguait. Il manquait d'esprit et de générosité à la fois. Mais il ne manquait pas de chaleur, c'est l'essentiel, et toutes les choses ridicules qu'il débitait avaient pour but de faire à Caliste la violence qu'elle implorait au fond du cœur.

Cependant c'était une femme courageuse et capable de toutes les nobles résolutions. Elle sentait sa faute ; un bon conseil l'eût remise dans le droit chemin. Les folies enthousiastes d'Armand la poussèrent à une faute plus grande.

Elle lui répondit que puisqu'il déclarait ne pouvoir vivre sans elle, toute autre considération s'effaçait. Elle fit l'abandon de ses biens, accepta sans les faire valoir, même par un mot, tous les sacrifices que lui imposerait une situation aussi difficile. Elle convint enfin avec Armand que pour tout le monde la princesse Novratzin serait retournée en Russie, qu'il y aurait adieux, départ public ; que pour lui Armand, Caliste se retirerait dans quelque solitude aux environs de Paris, changerait de nom, et s'ensevelirait jusqu'à des temps meilleurs.

Pauvre femme ! quels temps pouvaient être meilleurs que celui en faveur duquel on faisait avec joie de si terribles sacrifices ? Armand, ivre de ce triomphe, se roula aux genoux de la noble amie ; il l'aimait réellement ; il la rendit tellement heureuse, qu'elle répéta plus d'une fois, en remerciant Dieu, que jusque-là elle avait végété sans vivre.

XVIII

Il faut croire qu'ils avaient choisi leur ermitage sur la ligne du chemin de fer du Nord, car jamais Armand ne s'était montré aussi amoureux de la chasse. Il y passait sa vie ; Paris retentissait du bruit lointain de ses exploits. Or, cette chasse d'Armand, située du côté d'Abbeville, on n'y arrivait point sans avoir passé devant le petit pays où Caliste s'était retirée. Quoi de plus simple que de descendre de wagon à une station quelconque, de revenir sur ses pas à travers bois et plaines et de gagner ainsi certaine petite porte percée dans un mur de jardin tout hérissé de lierres ? Le bruit que fait une pauvre petite porte en s'ouvrant peut-il s'entendre de six lieues dans ce Paris où volent tant de passions, où roulent tant de voitures ?

Cet amour de la chasse ne surprit pas trop M. de Bierges et n'éveilla autour d'Armand aucun soupçon. Le père et les Chaudray, tous les amis de la famille, se doutaient bien un peu que le cœur du jeune homme eût été entamé par la belle princesse Novratzin. Mais, puisqu'elle était partie pour la Russie, bien partie, cette égratignure ne finirait-elle pas par se cicatriser ? La charité ordonnait qu'on laissât le blessé tranquille. Il cherchait sa guérison dans les bois, pauvre garçon ! soit. Libre à lui de courir les bois.

Bien des jours s'écoulèrent ainsi, jours heureux mêlés de douleurs. Les douleurs, Caliste les gardait le plus possible pour elle : c'étaient des remords, des terreurs, des jalousies dévorantes. Livrée seule, sans ressources, à une passion coupable qui vieillit vite et marque une femme, elle redoutait toute réflexion d'Armand, elle épiait sur son visage la moindre se sation qui n'était pas la joie, elle tremblait qu'il ne s'éveillât, même une minute, de sa léthargique ivresse. Comprenant bien que cette ivresse ne se prolongeait pas au delà de leurs réunions, Caliste s'efforçait de rendre ces réunions plus fréquentes, elle les multipliait sous mille prétextes.

Armand, toujours empressé, toujours épris, bon d'ailleurs et profondément reconnaissant, ne se fatiguait pas d'obéir. Il accourait, il repartait, il revenait, il s'en retournait encore; puis il était rappelé, arrivait de nouveau, et cela si bien, que sa vie, course perpétuelle, essoufflement incessant, eût tué cent chevaux et usé le fer des locomotives.

M. de Bierges le père commençait à s'étonner. Armand se sentait à bout de prétextes, quand un événement imprévu vint rendre quelque possibilité à la situation, devenue insupportable.

Un jour, et ce jour datera longtemps dans son souvenir, il avait quitté le chemin de fer à l'Ile-Adam, et revenait de là chez Calist, quatre lieues, — lorsqu'il la trouva tout à coup sur sa route, à l'angle d'un petit bois. Elle arrivait par les champs, suivie de son chien favori. Armand la reconnut à son ombrelle lilas et à sa robe blanche. Il courut au-devant d'elle, bien épanoui, les bras ouverts. Elle avait pleuré, elle pleurait encore.

Le ciel était d'un bleu tendre, rayé de grands fils d'argent, des senteurs fugitives passaient avec le vent sur leurs têtes, un doux soleil chauffait l'eau verte de la rivière. Sur les toits rouges des fermes s'abattaient des nuées de pigeons, les peupliers bruissaient; il faisait beau, ce jour-là, dans le beau pays de France.

Armand voulut savoir pourquoi Caliste avait pleuré. Ils se prirent par le bras et s'assirent à l'ombre.

Alors elle lui raconta que le rêve touchait à sa fin. Elle venait de recevoir des nouvelles de Russie par un de ses vieux intendants, homme dévoué qu'elle avait fait libre, et qui l'adorait comme une idole. Cet homme, depuis le commencement de la guerre, s'était donné pour tâche de faire croire au retour de la maîtresse. Il l'avait annoncé partout. A ceux qui venaient la voir, il disait d'attendre, elle était sortie, elle allait rentrer; il leur distribuait ce qu'elle avait rapporté de France pour leur en faire présent. Tantôt, elle voyageait dans le nord, où étaient ses terres. Tantôt, elle s'était rapprochée du midi, où la guerre retenait son mari. Bref, ce vieillard rusé comme tout vrai mougik, était parvenu à rendre notoire la présence de la princesse. Plus d'une personne là-bas prétendait l'avoir vue et lui avoir parlé.

Ce bonhomme, pour en venir au fait, ayant reçu des nouvelles de l'armée, adressées directement à Caliste, s'empressait de les lui faire parvenir. Des nouvelles de l'armée! Ici l'attention d'Armand s'éveilla plus que jamais.

Caliste avait pleuré. Caliste était un cœur généreux,

était-ce un grand événement que lui annonçait la lettre, un grand bonheur : la liberté ?

Mais Caliste était si ardemment éprise, elle aimait si exclusivement, qu'à travers ses larmes, si la nouvelle eût été bonne, Armand eût vu jaillir un sourire.

— Ami, lui dit-elle en serrant son bras avec une passion douloureuse, le général Novratzin vient d'être blessé dangereusement au siége de Silistrie ; il quitte l'armée ; on le rapporte chez lui, chez moi : ma place n'est plus en France.

Et en parlant ainsi, la princesse, qui s'était contenue avec noblesse, éclata soudain en sanglots, et pencha sa tête sur l'épaule d'Armand comme si elle allait perdre connaissance.

— Vous me quitteriez ! s'écria le jeune homme, pour celui qui ne vous a jamais que haïe, méprisée, repoussée ; ce n'est pas votre devoir, princesse ; vous êtes dupe d'une fausse générosité.

Elle ne répondit rien ; mais tirant de son sac à ouvrage la lettre fatale, elle la mit dans les mains d'Armand. Elle était en gros caractères, péniblement tracés. Elle avait dû coûter bien des souffrances à celui qui l'avait écrite. Caliste désigna seulement du doigt la signature.

— Du prince ! dit Armand, qui fronça le sourcil.

« Madame, lut-il ensuite, je viens d'avoir le bras gauche emporté devant la ville assiégée. Au moment où je pensais à vous, où je m'applaudissais de la supercherie qui depuis l'année dernière m'a valu ma liberté, c'est à ce moment même que le boulet m'est venu frapper à l'épaule. Je suis superstitieux et je regarde ce malheur comme un châtiment de mes torts envers vous. Peut-être vais-je succomber à ma blessure? En ce cas, pardonnez-moi. Mais peut-être survivrai-je, alors je me ferai porter à Odessa dans votre maison, à moins que vous ne refusiez de m'y recevoir. Mais je connais, quoique un peu tard, votre belle âme; vous viendrez, vous me permettrez de prouver à tout le monde l'estime et le respect de votre repentant, de votre plus sincère ami.

— Eh bien! murmura Armand, dont un nuage voila les regards.

— Votre avis, mon Armand? le mien n'est pas douteux.

— Vous...

— Je pars! dit-elle avec un sublime courage en se hâtant de couper la parole moins généreuse qu'il eût certainement prononcée.

Il cacha son front dans ses mains.

— J'ai, poursuivit-elle, méprisé, chassé de mon cœur et renié à jamais l'homme heureux, fort, puissant qui me déclarait la guerre, mais ce pauvre mutilé, qui souffre et m'appelle, est-ce possible, Armand? m'estimeriez-vous si j'étais sourde à son cri de douleur, vous estimerais-je si vous me le conseilliez?

— C'est fini, dit-il, nous ne nous reverrons plus !

— Allons ! allons ! s'écria la princesse avec une joie poignante que lui causait cet abattement de son ami; est-ce que rien dans ce misérable monde a le pouvoir de séparer les cœurs qui s'aiment ? Armand, M. le prince Novratzin guérira, et...

— Et vous ne le quitterez plus, dit Armand d'une voix sombre. Croyez-vous qu'il cesse jamais de vous aimer à partir du jour où il vous connaîtra ? Croyez-vous qu'il consente à vous perdre du jour où il vous aura aimée ?

Elle l'entoura de ses bras, elle paya ces mots d'un baiser.

— Rien, ajouta-t-elle, ne m'a fait autant de mal depuis que j'existe, ni autant de bonheur, que cette lettre. Elle m'a appris combien je vous aime, elle m'a prouvé combien vous m'aimez, Armand. Je serai partie demain, mais notre séparation ne commencera pas demain même. Il y a loin d'ici à la frontière russe. Pourquoi ne m'accompagneriez-vous pas jusque-là ? Perdriez-vous une seule des minutes qui nous restent, vous qui prétendez que nous ne devons plus nous revoir ?

Armand n'avait rien à répondre. Désormais, il ne vivait plus que suspendu au geste de cette femme. L'empire d'une maîtresse est immense dans le mal ; il est infini dans le bien.

Le lendemain, il fallut quitter ce nid de verdure, ce paradis à jamais perdu. Caliste se leva au petit jour, elle alla dire adieu, seule, à chaque arbre, à chaque pierre qu'avait touchés Armand lorsqu'elle se promenait à son bras. Il la vit de loin cueillir une de ses roses qu'elle enferma dans un sachet de soie et cacha dans son sein.

Aujourd'hui, un homme fait quatre cents lieues en cinq jours, sans avoir besoin d'avertir seulement son valet de chambre. Armand, toujours à la chasse, n'avait personne à prévenir. Les deux voyageurs, libres de tout bagage et de toute suite, montèrent en wagon pour se rendre à Bruxelles. Une fois là, plus que jamais inconnus, ils se dirigèrent, retenus par l'amour, pressés par le devoir, vers cette frontière fatale qui devait les séparer.

Absence, supplice cruel, le seul supplice redoutable pour un cœur courageux, seule douleur dont on ne guérisse pas et qui de jour en jour creuse un sillon plus dévorant!

Ces deux amants avaient cru épuiser tout le calice le jour où ils avaient décidé de se quitter. Au moment de le faire, ils s'aperçurent que jusque-là ils n'avaient été qu'adorablement heureux.

Pendant la dernière heure, quand les chevaux volaient, quand le guide, âpre au gain, poussait vers le but redouté, sombres l'un et l'autre et la main dans la main, puis, sentant le cœur leur monter à la gorge, et se souriant pour ne pas fondre en larmes, ils voyaient avec rage s'approcher l'avenir. Ils rappelaient de toute leur âme le passé enlui, ils revivaient la vie écoulée, ils étreignaient leurs doigts et confondaient mille fois le battement de leurs cœurs.

Enfin la voiture s'arrêta. L'heure du supplice était sonnée, l'heure de la mort. Se quitter, c'est mourir.

Armand et Caliste se répétèrent en étouffant qu'ils s'écriraient sans cesse et s'aimeraient toujours. Un gendarme russe lut le passe-port de la princesse et la salua jusqu'à terre. Tout l'avenir se révéla aux yeux troubles d'Armand. Caliste était chez elle, en Russie. Il l'avait perdue.

Un dernier baiser de sa main tremblante, un dernier sanglot qu'elle put encore entendre, puis elle entra dans sa chaise de poste, qui partit; elle se pencha longtemps à la portière; la route fit un coude. Armand était seul.

XIX

La guerre prenait de grandes proportions. Ce n'était plus une de ces promenades militaires, telles qu'aujourd'hui la science les organise en arrêtant du fond d'un cabinet leur parcours, leurs haltes et leur terme. Tout l'Occident se levait pour aller assiéger tout le Septentrion. Ce corps-à-corps de deux mondes pouvait durer longtemps.

Lorsque après les premières semaines de la séparation, Armand ne reçut aucune nouvelle de Russie, lorsqu'il eut écrit trois lettres demeurées sans réponse, un grand abattement s'empara de lui. Il sentit qu'un danger menaçait leur correspondance, il devina bien que Caliste avait dû lui écrire, ou lui eût écrit si quelque ordre ne l'en avait empêchée.

Il devenait donc périlleux, compromettant pour elle, d'avoir des lettres interceptées à la frontière. Ces lettres, d'ailleurs, n'étaient que trop compromettantes par elles-mêmes. Armand s'abstint d'écrire, comme d'espérer une réponse, et, pareil à ces navires qui vont la nuit, sur la foi d'un feu, et s'égarent si le feu s'éteint, il tomba soudain en des ténèbres épaisses, pendant lesquelles toute âme doute, tout cœur souffre et se perd.

L'homme qui doute, soupçonne bientôt. Puis, il accuse; ensuite il punit; toujours sans savoir.

Armand trouva Caliste injuste, peu industrieuse. Il l'accusa de timidité. Comment malgré tous les obstacles, ne pas réussir à faire parvenir un billet à son adresse? Les soupçons ressemblent à ces figures fantasmagoriques qui prennent à distance des développements infinis, et, parties de terre, atteignent tout à coup les nuages où elles vont se perdre.

Une nouvelle publiée dans ce fameux journal russe, si célèbre par la haute imagination de ses bulletins, acheva de tourner la tête au pauvre Armand. « Le prince Novratzin, disait le nouvelliste, cet officier général blessé devant Silistrie, est en pleine convalescence, grâce aux soins touchants de sa jeune épouse, qui l'est venue chercher à Odessa. »

— Fort bien, pensa le jeune homme à qui ces lignes furent bientôt communiquées. Voilà des soins touchants qui excluent toute pensée étrangère. Comment la jeune épouse qui les prodigue, ces soins touchants, trouverait-elle une occasion de s'intéresser à un absent qui se porte à merveille ?

Non, il n'est pas un cœur loyal et de bonne trempe dont l'absence et le silence, cette double rouille, ne creusent peu à peu l'acier. Souvent la princesse avait, devant Armand, exalté les forces militaires et la bravoure des Russes, elle poussait loin son patriotisme et sa confiance dans les destinées de son pays ; jamais Armand, aux jours de leur intimité, n'avait songé à combattre chez elle un pareil sentiment : il le respectait, il l'encourageait comme une vertu. Mais loin de Céleste et dans l'enthousiasme de son patriotisme à lui, il se rappela tout à coup ces nuances, il se figura que les défaites successives des Russes avaient humilié, offensé la princesse ; qu'en sa qualité de Français il était peut-être devenu moins agréable à une bonne pupille du czar et qu'elle attendait une revanche pour donner de ses nouvelles. Il réfléchit combien la présence du général Novratzin, blessé, martyr d'une belle cause, plaidait en faveur de ce mari contre un amant triomphant de trop de façons à la fois. Bref, l'imagination fausse vite un esprit isolé, qui toujours pose des questions que la partie adverse n'est jamais appelée à résoudre.

D'autres réflexions d'un ordre non moins funeste pour l'absente germèrent peu à peu dans le cerveau d'Armand. Cette femme si éminemment délicate, ne faisait-elle pas, selon son habitude, œuvre de délicatesse en n'écrivant pas à son amant du chevet de son mari ? Certes, il n'y avait dans cette supposition rien qui ne fût honorable pour Caliste; mais Armand l'aimait trop pour ne pas lui en vouloir de tant de générosité. Toute passion se compose d'une part notable d'égoïsme; l'égoïsme est un sentiment peu chevaleresque, et s'accommode infiniment mieux d'une préférence injuste à son profit que d'un partage équitable du bénéfice avec un tiers.

Ainsi Armand reprocha tout net à la princesse de soigner son mari avec dévouement, il lui reprocha d'être Russe, il lui reprocha d'être délicate, trois torts d'autant plus énormes qu'il était parfaitement inique de les lui imputer.

Faut-il dire que ces griefs le refroidirent pour Caliste? Non, car il espérait encore que d'un mot elle pourrait se justifier. Se justifier ! de trois mérites! La situation était grave. Hélas! c'est la faute de l'absence: maîtresse absente, amant absent, finissent toujours par avoir tort quand ils ne prouvent pas qu'ils ont vingt fois raison.

L'ennui était pour beaucoup dans ces mauvaises

inspirations du jeune homme. A la place de la turbulente tendresse qui meublait d'un plaisir ou d'une gêne, mais qui meublait chaque instant de sa vie, que voyait-il le matin au réveil, le soir devant son chevet ? regrets, vide, torpeur. Certaines organisations aiment l'esclavage pour l'occupation qu'il leur impose ; la liberté leur est odieuse, tant qu'ils n'en ont pas trouvé l'emploi. Ainsi Armand, qui souvent avait maudit ses courses forcées en chemins de fer, et les mystères des voyages nocturnes, et ses vagabondages à travers bois et labours, ce même Armand déplorait l'oisiveté, la monotonie de ses journées, et tout bas il répétait avec amertume, qu'une femme est bien heureuse de se consoler de tant de biens perdus en versant une cuillerée de sirop dans une tasse, en piquant des points carrés dans une tapisserie ou en évoquant nuit et jour, avec des yeux rouges et des excitations fanfaronnes, cet épouvantail nommé le devoir, qui n'apparaîtrait jamais, si on ne le tourmentait pas pour venir.

C'est dans de telles conjonctures, que six mois après le départ de Caliste, lorsque déjà il était bien blasé sur son idée, et soupirait après une résurrection de sa jeunesse, c'est, dis-je, au milieu de ces dispositions défavorables à la pauvre femme, qu'Armand reçut tout à coup, comme s'il lui tombait du ciel, un petit paquet imprégné de cette senteur particulière à la Russie, qu'en France nous appelons presque un parfum, et que là-bas on regarde comme une assez mauvaise odeur inhérente à la peau du mougik.

Il ne pouvait savoir qui l'avait apporté. Joseph le lui remit avec ses autres lettres. Le paquet ne portait aucune trace de timbre ; sans doute il était venu par une voie toute particulière. Armand ne reconnut pas l'écriture de l'adresse, mais quelque chose lui annonçait Caliste à travers cette épaisse enveloppe qu'il ouvrit d'une main tremblante. Un papier plié en quatre s'échappa du milieu de deux sachets de soie ; c'était une lettre de la princesse.

« Cher Armand, disait-elle, Dieu, dont les desseins sont au-dessus de notre portée, se déclare contre moi. Je suis retombée dans la servitude que vous m'aviez prédite, et, cette fois, à une telle profondeur que l'abîme ne me rejettera jamais hors de son sein.

» Le malade que vous savez, guérira ; il prend des forces de jour en jour. Plus touché de mes soins qu'il ne le serait s'il voyait le fond de mon cœur, il comble d'amitiés et de respects une femme dont il ignore les fautes. Quant à lui, l'intérêt public l'environne, et, soit par l'exigence de sa position, soit par l'empressement de nos compatriotes, je me trouve obsédée, traquée, sans ressources ; je n'ai ni le temps, ni le courage de tourner ma tête vers l'horizon que j'ai quitté ; la nuit je ne dors pas, de peur d'en rêver et d'être entendue ; en vérité, je ne suis pas heureuse.

» Mais, je vous le répète, Dieu veut qu'il en soit ainsi, je me courbe sous sa main intelligente.

» Je doute que vous ayez reçu les deux lettres que je vous avais écrites. Je n'ai rien reçu de vous, et j'ai compris qu'il me fallait cesser de vous écrire. La surveillance est sévère aux frontières, et l'empereur a donné les ordres les plus rigoureux pour l'examen de toute correspondance entre nous et les pays ennemis. Je ne vous accuse donc pas ; bien au contraire, je vous plains, si vous avez souffert autant que moi ; et je ne vous reprocherai pas même de n'avoir rien écrit, car ce serait un très-grand bonheur pour moi. Vos lettres contiendraient peut-être ce que contenaient les miennes, des témoignages d'affection un peu chaleureux, un peu prolixes. Je tremble en songeant que de pareilles preuves sont peut-être dans les mains de l'empereur.

» Cependant il ne m'en a rien témoigné. Une dépêche écrite par lui est arrivée au prince ; j'y ai lu des félicitations et des encouragements à mon adresse. Mais rien ne me rassure moins, et vos malheureuses lettres et les miennes, si elles n'ont pas été remises à l'empereur, sont peut-être plus mal placées encore.

» Je vous fais parvenir celle-ci, je l'espère, du moins, par un fugitif, qui brave la mort pour franchir la frontière. Voilà pourquoi vous n'y trouverez ni mon nom, ni rien de trop compromettant ; elle pourrait être prise sur son cadavre. Voulez-vous quelques détails sur ma vie? Je souffre, je pleure. Zika est venue s'installer près de moi et accapare toute l'attention du malade, non-seulement, mais celle de quiconque est un peu assidu dans la maison. Mon amie n'est pas le moins dangereux de mes surveillants.

» Armand, voilà bien longtemps que cet exil dure; eh bien! ce temps ne compte pas. Il faut se répéter à chaque minute que la minute écoulée est tombée inutilement dans le gouffre éternel. Je n'ai plus l'espoir d'une réunion qui devient impossible. Oh! que vous aviez raison! Le prince ne me quittera plus; infirme, souffrant, il se fera mon compagnon pour avoir mon soutien. Revoir ainsi la France! moi! qui l'ai habitée si libre! jamais. Je ne compose ni avec le devoir ni avec les besoins de mon cœur. Tout ou rien. N'est-ce pas la devise que vous me reprochez souvent d'arborer, vous qui d'abord n'admettiez que celle-là au début de notre amitié?

» Armand, je ne veux pas que vous me revoyiez jamais au bras d'un autre. C'est vous dire qu'absente et perdue sans retour pour vous, je serais aussi exigeante. Comment éviter de tomber dans cette injustice, comment parvenir à vous rendre un peu de tranquillité, de liberté, après vous avoir bouleversé toute votre jeunesse?

» Le temps n'est plus des affections éternelles : la civilisation ajoute aux besoins de l'homme en état de nature d'autres besoins bien autrement impérieux qu'on nomme convenances et usages reçus. Moi qui me courbe en esclave sous leur joug, moi enfant d'un pays encore barbare, de quel droit imposerai-je à autrui la résistance que je n'ose faire? Hélas! si le moindre espoir me restait, je vous dirais d'attendre, je vous l'ordonnerais, je vous en supplierais. Voyez si je suis à plaindre, Armand, je ne vous dis rien!

» Outre le désespoir qui résulte pour moi de ma situation particulière, je sens d'épouvantables catastrophes suspendues sur ma nation et la vôtre. Vous vous acharnez au siége d'une ville que vous ne prendrez pas, ce qui vous rendra éternellement irréconciliables et, la prissiez-vous, nous serions irréconciliables à notre tour, sans compter que tant d'efforts vous auraient épuisés et ne nous auraient fait perdre qu'une ville. Calculez, mon ami, les suites de ce duel gigantesque. Vaincus, vous élevez une barrière infranchissable entre votre pays et le nôtre; vainqueurs, vous verrez se rallumer plus furieusement la guerre; c'est entre vous et nous une question d'orgueil national. Dites vous-même si maintenant il nous reste une chance de réunion.

» Quoi! tout ce passé serait mort? quoi! de vous à moi rien ne battrait plus? quoi! vous oublieriez Caliste? Je sais que c'est impossible, et si je le pensais je serais déjà morte. Mais je ne vous ai pas écrit pour vous torturer. J'ai voulu vous prouver le plus tendre attachement. Cela ne se prouve que par des sacrifices. Je ne suis pas de celles qui prétendent à tous les triomphes de l'orgueil, à toutes les satisfactions du monde, à toutes les récompenses de l'opinion et veulent, par-dessus le marché, garder leurs joies secrètes. Plus de joie pour moi; mais pour Armand, sinon joie, du moins indépendance. Je souffrirais s'il m'en remerciait trop vivement; je souffrirais plus encore s'il restait mon esclave par devoir et par reconnaissance. »

Le reste de la lettre contenait l'assurance d'une affection et d'un dévouement impérissables. Si Armand y eût su lire, son amour pour Caliste fût devenu immodéré; il eût deviné l'héroïsme du sacrifice que lui faisait cette femme. Mais le mauvais génie qui les avait séparés n'était pas fatigué de leur nuire. Il suggéra au jeune homme une interprétation vulgaire de cette lettre où respirait l'âme tout entière de la princesse, âme troublée, dévorée de terreurs, écrasée de remords, ivre d'aspirations coupables que sa plume dissimulait sous les formes les plus dégagées, les plus décentes de la civilité mondaine.

En un mot, Armand regarda cette missive comme l'expression d'une résignation absolue aux lois conjugales, aux devoirs sociaux. Entre ce qu'il avait déjà échafaudé de soupçons injurieux et le ton réservé de cette lettre, il n'y avait pas de transition assez brusque pour le faire hésiter à continuer ses commentaires. Caliste épousait de nouveau son mari, et, femme d'honneur, elle envoyait à son amant un billet de faire part.

Telle fut la traduction qui fut faite de ce morceau, froid assemblage de lignes correctes, dont Armand s'indigna, qu'il froissa dans un mouvement d'orgueil et de désappointement, et qui, s'il l'eût entendu lire par celle qui l'avait écrit, lui eût peut-être arraché avec toutes ses larmes tout le sang qui bouillonnait autour de son cœur !

XX

A mesure que les jours s'écoulaient, et que le printemps souriait plus amoureusement à la terre, Armand tombait dans une mélancolie plus profonde. Caliste vivait moins adorable mais peut-être aussi adorée au fond de son souvenir.

Il avait réussi non sans peine à garder un masque impénétrable à son père et à ses amis. Nous l'avons dit, en ce livre même, les chagrins d'amour se cachent aisément. Armand, cœur solide, portait noblement son malheur. Une seule chose l'avait blessé dans les œuvres vives, c'était le silence gardé par Caliste sur les moyens d'envoyer une réponse à Odessa.

Que de sens il eût enfermés dans cette réponse ! Comme il la méditait ! Comme il l'aiguisait ! Avec quel art merveilleux il eût décoché cette flèche destinée à rendre le mal qu'on lui avait fait ! Se taire fut un douloureux sacrifice, et s'il l'accomplit, ce fut uniquement faute d'occasion pour envoyer un messager sûr.

Après les grandes colères, la grande torpeur. Un dernier élan jaillit encore du désespoir. Puis, s'il ne réussit pas, la retraite commence. C'est une opération familière à la nature, qui défend l'usage trop prolongé des forces qu'elle emploie. Huit jours après la lettre de Caliste, Armand furieux en vint à se calmer ; il entra en mélancolie. Huit jours après, et sans trouver dans son âme fatiguée assez de ressorts pour bien aimer et pour bien haïr, il s'occupa uniquement de lui-même et résolut de se distraire pour ne pas succomber à la tentation qui, vingt fois, l'avait saisi de partir pour Odessa et d'y aller jouer le rôle de fantôme.

Habile à s'expliquer les causes de chaque impression, il s'avoua que Caliste avec cette lettre lui avait renvoyé une forte charge d'électricité ; que la mélancolie a besoin de nourriture, et qu'un homme sage se garde bien de ne pas nourrir cet ennemi qui, trop affamé, dévore son hôte. Armand commença par lire et relire les lettres de Caliste, par contempler son portrait jusqu'à ce que ses yeux fussent noyés de larmes. Il donna toute une matinée à ce festin de sa mélancolie, et lorsqu'il l'eut rassasiée de soupirs, de souvenirs, de regrets passionnés, il sentit que la crise s'éteignait, il sentit qu'il se fatiguait lui-même ;

c'était le moment de redoubler la dose pour achever l'ennemi.

Jamais, depuis sa séparation d'avec la princesse, il n'avait osé revoir la maison où tant de jours heureux s'étaient écoulés près d'elle. Ce toit sacré, l'apercevait-il derrière les arbres quand il passait en chemin de fer, vite, il détournait les yeux pour ne pas tomber en quelque faiblesse. Revoir cette maison, c'était la plus rude épreuve qu'il osât jamais affronter. Du jour, se disait-il, où je pourrai, sans perdre connaissance, fouler ce gazon, ces allées, monter ces marches de pierre de la petite maison, et respirer l'âpre odeur des sureaux et des lierres, ce jour-là, je serai guéri.

Armand se sentit fort au point de tenter l'aventure. Il prit soudain tout son courage, courut au chemin de fer et partit pour la station de ***.

Nous avons dit qu'on était au printemps, en ce faux printemps de mai, qui existe seul en France depuis un quart de siècle. L'ancien, pourtant, nous rendit bien heureux, nous, privilégiés qui l'avons pu connaître. Ce vrai printemps avait encore les souffles tièdes dont il parfuma Virgile; il caressait encore ses myriades de fleurs écloses sans semence. Aujourd'hui, trois à quatre fois dans le trimestre, son domaine, il fait une apparition furtive entre les grêlons et les bises. A Paris, quelques femmes vendent sur les boulevards des jacinthes qui puent, des giroflées noires qui jamais n'ouvriront; d'autres femmes qui ne vendent pas de fleurs, passent avec des robes de soie claire qui font frissonner les promeneurs, et le printemps est fini.

Armand, le jour où il prit sa grande résolution, fut favorisé par un printemps de l'ancien régime. La terre humide et palpitante de germinaisons ne résistait pas au pied qui la pressait, les chênes donnaient déjà un peu d'ombre; marronniers, ébéniers, sycomores montraient leurs grappes parfumées. Le sentier connu du jeune homme était bordé d'herbe nouvelle toute diaprée d'imperceptibles étoiles blanches. A droite et à gauche, les blés vigoureux, les luzernes florissantes ondoyaient sous un vent de sud-est.

Armand admira les baies de groseillers, cueillit des feuilles de cassis; le chemin s'enfonçait sous des pruniers déjà dépouillés de leurs pétales; une cépée de lilas succédait à ces vieux arbres, et tout à coup, derrière un monticule ordinairement couvert de vignes, on apercevait la maison.

Cette maison, louée par la princesse, à qui maintenant était-elle passée? Un autre locataire y aurait peut-être installé ses meubles, mais il n'aurait pas apporté des arbres, des pierres, il n'aurait pas changé le sol, et Armand ne demandait qu'à entrer dans le jardin, qu'à passer devant les fenêtres ouvertes, qu'à jeter un coup d'œil dans la profondeur des chambres pour y trouver les invisibles souvenirs que le locataire nouveau n'aurait pas chassés, pas même soupçonnés entre ces murailles vides.

Il chercha d'abord le mur extérieur, autrefois garni de lierre. Ce mur n'existait plus. Plus de petite porte; le champ voisin avec ses gros arbres à fruits, avec ses rosiers cent-feuilles si parfumés, cet héritage de paysan semblait avoir pris une mine arrogante pour dire : — Je suis devenu bourgeois, je ne produirai plus pour le marché. On me ceindra de murs neufs, sur lesquels ma bonne terre noire fera pousser de splendides pêchers conduits par un artiste élève du Jardin-des-Plantes. J'appartiens à la maison d'en face, je fais suite au jardin anglais, je m'appelle verger.

Armand fronça le sourcil. Comme il n'y avait plus de murs, il voyait à découvert tout le jardin, autrefois plein de mystères, et comme il voyait, on le vit.

Une jeune femme de chambre, qui cueillait de l'aubépine et des lilas au tournant d'une allée, s'approcha tout à coup de l'air le plus avenant, et, des yeux, non des lèvres, demanda au jeune homme ce qu'il faisait là.

— Mademoiselle, répliqua Armand, je passais dans ce champ qu'autrefois traversait un sentier... Ce sentier n'y est donc plus?

— Monsieur, dit la jeune fille, ce champ a été acheté par madame, et fait partie, à présent, de la propriété. Le sentier sera reporté de l'autre côté du mur.

Armand n'écoutait plus, il regardait. Il avait compris, tout de suite, trop vite. Il fit un pas pour sortir de cet embarras.

— Excusez-moi, dit-il, mon enfant. Je croyais être sur le terrain de tout le monde.

— Oh! ne vous gênez pas, monsieur, lui fut-il répondu. Vous n'allez pas pouvoir sortir par là, car on a creusé pour les fondations du mur.

— Je retournerai d'où j'étais venu, dit Armand avec un soupir. Mais ne me permettriez-vous point de faire quelques pas sous les arbres pour admirer ce beau jardin?

— Entrez, entrez, monsieur.

— Je ne rencontrerai personne, je ne gênerai personne?... vos maîtres sont là peut-être?

— Oui, monsieur, mais...

— Je pars! s'écria Armand avec précipitation.

— Oh! monsieur, ne faites pas cela, dit la femme de chambre; si madame l'apprenait, elle me gronderait de n'avoir pas su faire une politesse si simple à un étranger.

Armand s'arrêta.

— Est-il indiscret de vous demander le nom du propriétaire de cette maison?

— Mme l'amirale Dampmesnil, répliqua la jeune fille.

Armand connaissait ce nom, pour l'avoir entendu prononcer mille fois autour de lui dans les salons; il eut peur de se trouver en pays de connaissance, il retourna sur ses pas en protestant du désir qu'il avait de ne point déranger cette dame par une curiosité inconvenante.

Comme il s'éloignait, souriant à la jeune fille, une autre figure de femme apparut devant lui, sous l'allée baignée de lumière.

— Voici mademoiselle, dit la femme de chambre.

Armand s'arrêta, la retraite lui était coupée. Lucienne s'avançait grave et affable à sa rencontre.

XXI

A l'aspect de cette charmante figure aux reflets dorés, aux regards clairs, Armand trouva sa position déplorablement fausse et s'en excusa avec le plus de franchise possible.

— Madame, dit-il, j'ai été séduit par ce riant verger; pardonnez-moi d'être allé si loin. Je me retire.

Et déjà il saluait. Lucienne, l'arrêtant du geste:

— Monsieur, répondit-elle, le mal n'est pas grand; cette maison est encore un peu à tout le monde, puisqu'elle n'est pas close de deux côtés; et puis, je ne sais, mais il me semble que votre figure ne m'est pas inconnue.

Elle le regardait, en parlant ainsi, avec une candeur et une grâce rassurantes.

— Je me dis la même chose, madame, et la raison en est assez facile à trouver : j'ai demandé tout à l'heure le nom du propriétaire de cette maison à votre femme de chambre. Ce nom, si connu en France, je l'ai entendu bien souvent répéter dans le monde, où probablement j'aurai eu l'honneur de me rencontrer avec vous — comme on se rencontre dans la foule — sans se voir.

Lucienne sourit si finement qu'Armand put remarquer tout au plus le pli de la fossette qu'un sourire entier dessinait sur la joue de la jeune fille.

— Monsieur ?... dit-elle.

— Armand de Bierges, répliqua-t-il en s'inclinant.

Elle rougit.

— J'ai biensouvent remarqué ce nom, monsieur. Il y a plus, vous avez un parent, un monsieur âgé qui le porte ce nom ; une belle tête vénérable, une tête blanche...

— Mon père, madame.

— Oh ! je le connais bien ; je l'ai vu jouer souvent chez une amie de ma mère, la baronne Chaudray.

— Une amie intime de mon père, dit Armand.

— Eh bien, monsieur, reprit Lucienne avec enjouement, vous voyez bien que vous êtes en pays de connaissance, et maintenant la politesse même vous oblige de pousser votre visite jusqu'au bout. Permettez que je vous présente à ma mère.

Elle passa légèrement devant lui. Il restait là tout stupéfait de cette chaste et gracieuse familiarité.

— C'est une jeune femme, pensait-il, et je vais apercevoir, au détour de l'allée, quelque mari moustachu, en veste blanche; il y aura bien sûr, un ou deux marmots blonds comme leur mère, jouant aux pieds de la bonne maman.

Puis tout à coup se rappelant le : « Voici, mademoiselle » de la femme de chambre:

— C'est impossible! murmura-t-il.

En rêvant ainsi, il approchait. Mais chaque pas lui montrait, dans ce lieu si connu, quelque détail qu'il ne connaissait pas. Autrefois le jardin se composait d'un bois aboutissant au mur du fond, d'un vaste parterre avec deux terrasses, et d'un autre petit bois contigu à la maison. Armand eut beau chercher, se souvenir, interroger, jamais il ne lui fut possible de se reconnaître. Tout, dans le jardin, était changé, renversé, comme si quelque génie malicieux eût pris le contrepied des dispositions anciennes.

Dans un rond-point créé tout récemment, et entourée d'un talus de gazon semé de petunias et de verveines, se tenait au grand soleil, en son fauteuil, l'amirale Dampmesnil, aussi élégamment parée que pour un bal. Une de ses femmes lui tenait une ombrelle sur la tête. Une autre lui lisait les journaux. La vieille dame n'écoutait et n'entendait rien que le bruit d'un petit jet d'eau jaillissant à sa gauche d'un rocher, neuf comme tout ce que voyait Armand.

Lucienne s'approcha de sa mère, la baisa au front et lui annonça le visiteur. Mme Dampmesnil regarda, sourit poliment, continua de regarder et de sourire tant que Lucienne lui tint une main sur l'épaule. A peine cette main eut-elle disparu, que disparurent le sourire et l'attention de la vieille dame. Vite elle se retourna vers son jet d'eau chéri, dont elle parut écouter le bruit avec délices.

Lucienne dit à Amand qu'une trop longue conversation fatiguait sa mère. Elle raconta en peu de mots très-sentis, très-délicatement accentués, que depuis la mort de l'amiral, l'âme de Mme Dampmesnil semblait s'être retirée du monde. Et sans permettre qu'il s'appesantît sur cette réflexion, elle continua de lui montrer ce jardin, qu'il était venu voir, et dans lequel il se trouvait complétement étranger.

— Monsieur, dit-elle, nous avons dû faire ici beaucoup de changements. Ma mère s'est tout à coup prise d'amour pour cette maison : chacun de ses désirs nous engage, mon frère et moi, nous avons donc acheté la propriété; mais à peine s'y est-elle vue installée, que rien ne lui plaisait plus. Elle a beaucoup de caprices. Quoi de plus respectable et de plus aisé à contenter, puisqu'il ne s'agit que d'un peu d'argent ?

On était arrivé à la maison, où Armand ne trouva plus trace de l'ancienne construction.

L'an dernier, c'était une de ces façades de pierre, à grandes fenêtres du dix-septième siècle, petites vitres, perron aux portes principales, rangs de pavés devant la maison, mansardes coupant un toit aigu.

Maintenant la façade était jeune comme Lucienne, avec un soubassement de meulière, et de grands panneaux de treillage chargés de clématites, d'aristoloches et de rosiers grimpants. L'œil d'Armand pénétra dans ces chambres si connues. Aux vieilles boiseries grises sculptées, aux vieux tableaux, aux tentures de damas et de tapisseries de Beauvais, avaient succédé les panneaux dorés, les peintures modernes, les cheminées enveloppées de lambrequins d'étoffes. La chambre autrefois habitée par Caliste, et qu'elle avait meublée d'un style gothique assez sombre, était aujourd'hui tendue d' mousseline blanche brodée sur un fond de soie rose. Toute la disposition de cette pièce avait été changée; on y arrivait par un salon jadis vestibule coupé d'armoires. Les glaces, les cristaux de Bohême, le meuble de bois de rose incrusté d'or, un grand tapis de moquette blanches à larges bouquets de roses donnaient à cette chambre le luxe insolent de la jeunesse, de la fraîsheur, de la gaieté; elle semblait défier le soleil, qui 'y plongeait par les fenêtres toutes grandes ouvertes.

Des caisses immenses d'arbustes et de fleurs en gradins, faisaient à la maison régénérée une riante ceinture. Les entrées avaient été changées, un étage ajouté, les escaliers refaits, plus de mansardes; deux ailes rustiques, sortes de chalets reliés à la construction principale, achevaient de dérouter les habitudes d'Armand, qui, pour retrouver là un souvenir, fut forcé de fermer les yeux et de descendre en sa pensée.

— Voilà qui est étrange, se dit-il en étouffant un douloureux soupir. Que les goûts et les caractères sont différents ! Cette jeune fille a dix-neuf ans au plus, Caliste en a vingt-quatre à peine ; toutes deux appartiennent à ce monde qui met en commun des idées ordinairement choisies qu'on appelle la mode. Caliste est brune, cette jeune fille est blonde, je le veux bien ; mais enfin Caliste s'était contentée de cette maison. Elle est princesse de rang et d'âme ; ce qu'elle fait, personne n'a le droit de ne pas l'approuver, car son goût est exquis. Comment arrive-t-il que l'une et l'autre elles ne se soient pas rencontrées sur un seul point, sur le plus mince détail, sur une vitre, dans toute l'étendue d'une maison pareille ?

Comment se fait-il que pour changer ainsi toute cette maison, Mlle Dampmesnil ait dépensé trois fois la valeur de la propriété ? Quand on achète un objet, c'est parce qu'il plaît. On a été séduit par des arbres, des eaux, par la forme et la distribution d'un bâtiment ; on aime une grille, une collection de melons ou d'azalées ; on aime quelque chose enfin. Ici ces gens qui ont vite acheté, parce qu'ils se mouraient d'amour pour la maison, ces gens n'en ont pas conservé une ardoise. C'est bizarre ; on dirait une gageure.

Il suivait Lucienne, tout en rêvant ainsi. Elle plaçait à intervalles inégaux quelque phrase polie qu'il s'efforçait de payer le plus poliment possible. Mais comme celles retournait souvent vers lui, elle ne fut pas sans surprendre plus d'une fois l'expression affligée ou railleuse de sa physionomie.

— Vous n'aimez peut-être pas tous ces colifichets, lui dit-elle avec sa gravité douce.

— Il me semble, répliqua-t-il, se voyant ainsi surpris dans cette pensée intime, que voilà de bien grands changements. Tout, du reste, est fait avec une richesse remarquable, mademoiselle.

— Monsieur, répondit Lucienne, le caractère de cette propriété n'est plus, en effet, celui qu'elle avait avant notre arrivée. C'était une maison un peu sombre, pleine de coins et de détours. — On bâtissait ainsi dans le dernier siècle. — J'en ai conservé les avantages autant que j'ai pu. Partout où s'est rencontrée une pièce grande et commode, je l'ai respectée.

— Non, non, pensa Armand, il y en avait de bien commodes que je ne retrouve plus.

Lucienne le regarda. Comme s'il eût dit tout haut ce qu'il venait seulement de penser, elle reprit :

— Il paraît qu'avant nous cette maison était habitée par une personne seule — vivant retirée, — cachée même ; du moins tel est le bruit qui nous est parvenu. Cette dame, — c'était une dame, — était fort belle, dit-on toujours, car, en vérité, monsieur, on jurerait que je raconte une légende ; elle était aussi fort triste, et plusieurs gens du pays assurent l'avoir aperçue parfois pleurant dans la campagne.

Un frisson parcourut les membres d'Armand ; il

lui sembla que l'ombre de Caliste venait d'effleurer son épaule.

— Il n'est pas surprenant, continua Lucienne, que cette pauvre dame se soit plu dans une maison triste et sombre ; qu'elle ait aimé ici tout ce qui s'harmonisait avec l'état de son âme : arbres noirs, allées encaissées, voûtes épaisses, de même que ces petites vitres vertes par lesquelles se tamise avarement une lumière blafarde ; mais nous, au contraire, monsieur, nous avons besoin de soleil et d'air. Je suis jeune, et mon frère, dont le vaisseau croise dans la mer Noire, sera bien aise, à son retour de Sébastopol, de reposer sa vue sur quelques perspectives réjouissantes.

Armand garda le silence, il s'inclina : sa blessure n'était pas encore cicatrisée. Parce qu'elle était belle, riche, irréprochable, cette jeune fille avait-elle le droit de blâmer ainsi, sans la connaître, la noble et poétique Caliste, dont un sourire eût illuminé la plus noire prison ?

— Ordinairement, dit-elle enfin, — car se taire toujours lui eût paru lâche, — ce n'est pas un indice défavorable du caractère des gens, que ce soin de mettre en harmonie l'habitation et la personne. L'essentiel est que le goût préside à un semblable assortiment.

Lucienne se retourna vivement. Cette phrase l'avait inquiétée ; on eût dit qu'elle craignait d'avoir blessé son hôte.

— Je suis bien loin d'avoir du goût, murmura-t-elle avec timidité, je n'ai que mes goûts.

Armand lui sut gré de cette réparation spontanée.

— Ils vous ont parfaitement dirigée, mademoiselle, dit-il non sans un serrement de cœur.

Et aussitôt il pensa que lui, autrefois, avait bien admiré, bien aimé le goût de Caliste ; qu'à son arrivée en cette maison découverte par elle, louée par elle, et dont elle lui avait fait la surprise, il songea, dis-je, que ce jour-là, jour de mémoire éternelle, il n'avait pas laissé sans éloges un seul détail de tous ceux que Lucienne avait effacés.

Il se rappela surtout, au bout du jardin, à gauche, une grande allée tournante d'ormes et de marronniers qui menait à un pavillon d'où l'on découvrait la campagne. C'était une retraite charmante, aussi chaste qu'un nid ; les branches d'arbres venaient jusque dans le pavillon jeter leurs fleurs et leurs bourres d'or pur ; par la fenêtre en ogive, on voyait au bas l'herbe profonde. Plus loin, le coteau doucement incliné vers la rivière. Celle-ci disparaissait sous le dôme arrondi des saules blanchissants et se montrait radieuse à mille pas, près d'un moulin toujours noyé d'écume.

Que de fois Caliste et Armand s'étaient-ils promenés la nuit sous cette allée ombreuse, regardant leurs yeux où tremblait un rayon de lune, que de fois étaient-ils montés à ce pavillon que les chauves-souris venaient égratigner de leurs ailes, et de là, par cette fenêtre, ne voyant rien que nuages au ciel, masses noires dans la plaine, feux égarés à l'horizon, que de fois ils s'étaient répété que ce coin du monde était le paradis sur terre !

Armand tourna vers la droite croyant entraîner Lucienne de ce côté, sous prétexte d'aller admirer une serre neuve. Il ne voulait pas souffrir le supplice de ne plus trouver ses arbres chéris, son toit rustique, tout ce qu'il avait aimé. Car, sans aucun doute, cette jeune demoiselle recherchait trop les choses gaies pour n'avoir pas jeté en bas l'allée noire et le pavillon de bois vermoulu.

— Monsieur, lui dit Lucienne, permettez que je vous montre le seul endroit un peu poétique de cette vulgaire maison bourgeoise. C'est par ici, à gauche, s'il vous plaît.

— Quelque nouvelle cage en fer creux, pensa le jeune homme, où je verrai des oiseaux teints en rouge et en bleu s'écorcher les plumes.

Il suivit sa conductrice. Un moment après il entrait sous son allée bien-aimée. Là, rien n'avait été touché : même cordon d'iris derrière les arbres, même mousse sur le chemin du pavillon, même pavillon avec sa petite fenêtre ouverte. Armand s'oublia. Il marchait à grands pas sous ces arbres. Il arriva le premier au fond du pavillon ; les yeux fixés sur la prairie, puis sur les plans lointains du paysage, il soupira, il serra ses mains l'une contre l'autre.

— Charmante vue, n'est-ce pas ? dit Lucienne avec une intonation musicale.

— Oui, murmura Armand qui étouffait.

Elle se détourna comme pour mieux regarder. Ce mouvement la rapprochait de la fenêtre. Armand la vit, gracieusement encadrée dans l'ogive; un fin rayon glissait sur ses admirables cheveux cendrés. Quoi ! il était bien dans ce pavillon, lui, Armand, et une femme, qui n'était pas Caliste, s'y trouvait avec lui. Quoi ! du dehors, on verrait cette forme blanche, on le verrait aussi, lui, comme peut-être on y avait vu Caliste, avec cette différence que la princesse s'éloignait rapidement si quelques paysans passaient, tandis que Lucienne demeurait tranquille et souriante, et libre à ses côtés.

Il s'arracha bien vite à ces dangereux rapprochements; la jeune fille le suivit dans l'allée.

— Vous avez raison, mademoiselle, dit Armand, c'est là un poétique séjour.

— N'est-ce pas, monsieur ? Oui, je l'ai conservé, malgré le jardinier, malgré l'architecte. Tout cela est moisi, disait l'un; toute cette ombre tuera nos fleurs, disait l'autre. J'aime encore mieux des idées que des fleurs, ai-je répondu. Et réellement, ajouta-t-elle avec sa splendide innocence, je ne me promène pas sous ces arbres au clair de lune sans me sentir pénétrée des idées les plus suaves, les plus douces, comme si elles habitaient là-haut bien cachées, comme si, de là, elles pleuvaient goutte à goutte sur mon front.

Qui sait, monsieur, les idées sont peut-être des atomes invisibles qui descendent à leurs heures préférées sur les têtes qu'ils aiment.

— Oh ! pensa le jeune homme avec un regard chargé de reconnaissance que Lucienne saisit au vol et qui caressa son cœur, bénie soit cette créature intelligente, d'avoir conservé ici mon souvenir le plus délicat et le plus pur ! En vérité, elle semble l'avoir choisi chaste comme elle. Pour cette bonne pensée, je lui pardonne d'avoir usurpé la chère maison de mes amours !

La visite ne pouvait se prolonger longtemps. Armand se sentait plus ému qu'il n'eût voulu l'être. Lucienne, de sa gaieté si fière, descendait peu à peu vers la mélancolie d'Armand. Celui-ci s'empressa d'aller saluer respectueusement la vieille amirale toujours en extase devant le jet d'eau. Il s'inclina non moins respectueux devant Lucienne, et tandis que la jeune fille cherchait une dernière fois son regard qu'elle ne rencontra plus, il traversa légèrement les plantations nouvelles, regagna le champ, limite ancienne de son jardin, et se dirigea le cœur agité vers la station du chemin de fer.

XXII

Il l'avait donc revue, cette maison tant redoutée. Il avait donc foulé ce sol terrible. Quel étrange hasard ! tout ce que Caliste avait laissé de traces n'existait plus.

Une jeune fille, avec ses idées fraîches, ses goûts brillants, une belle jeune fille, s'agitait dans cet enclos, où naguères se cachait Caliste. Lucienne faisait son bruit, son mouvement, sa volonté tumultueuse, là où cette pauvre recluse osait si peu soupirer, de peur d'être entendue, que pour pleurer librement elle s'en allait hors de chez elle, dans la campagne.

Armand avait passé deux heures en cet endroit, et il rapportait de son excursion un trouble inexprimable. Ce n'était pas la beauté de Mlle Dampmesnil; ce n'était point le charme très-réel de sa personne qui préoccupait ainsi Armand. Il devinait quelque chose de plus intéressant au fond de cette âme, il s'efforçait d'expliquer la rencontre singulière en cette maison, d'une personne près de laquelle il était passé vingt fois dans un salon sans l'apercevoir. Il se demandait, en suivant cet ordre d'idées, si la jeune fille, qui l'avait reconnu, lui, ne pouvait avoir aussi reconnu la princesse Novratzin au portrait que les bonnes gens du pays lui en auraient fait.

Dans tous les cas, cette rencontre fortuite avec Mlle Dampmesnil, dans l'ancienne habitation de Caliste, constituait pour Armand une situation équivoque. Tout en espérant que le séjour de la princesse en France serait resté ignoré; en espérant, par conséquent, que Mlle Dampmesnil ne se douterait jamais du motif qui l'avait pu conduire, lui Armand, à visiter ce jardin, le jeune homme sentit qu'il lui faudrait nettement expliquer cette visite au monde. Mme Chaudray, par exemple, ne manquerait point d'en apprendre quelque jour les circonstances par Mlle Dampmesnil. Par Mme Chaudray, le conseiller l'apprendrait à son tour. Tout cela aurait un faux air de mystère, et si l'on ne remontait pas à la véritable source, assurément on l'interpréterait plus fâcheusement encore : on l'attribuerait à quelques velléités de galanterie; on soupçonnerait Armand d'avoir cherché une occasion de rencontrer cette jeune fille si remarquable.

A cette pensée, Armand tressaillit. Un pareil état de choses ne pouvait se tolérer.

Raconter l'aventure à son père... Non. M. de Bierges était de ces vieillards sagaces, trop sagaces même, qui n'admettent pas le hasard. Les suppositions du conseiller iraient trop loin et trop vite, sa raillerie pourrait blesser le cœur encore susceptible d'Armand ; et puis, qui sait si, tout en raillant, il ne se forgerait pas tout de suite un avenir à propos de cette jeune fille. D'ailleurs, prévenir M. de Bierges n'était pas le point urgent. C'était Mme Chaudray que Mlle Lucienne Dampmesnil instruirait la première. Armand se rendit chez la baronne, non sans une vive curiosité, que lui inspiraient l'attitude et le caractère de cette singulière personne. Il comptait, avec un peu d'adresse, obtenir sur elle, de la baronne, quantité de renseignements dont cette curiosité, si vite éclose, était en réalité fort avide.

Voilà, si l'auteur ne se trompe, une curiosité bien propre à secouer l'esprit le plus mélancolique. Voilà en peu de temps des occupations intéressantes, à eter comme aliment dans une vie oisive. Enfin, avouons-le, cette jeune fille ainsi apparue, n'envahissait-elle pas du premier coup la pensée de ce jeune homme ?

Armand, surpris de songer si souvent à ces bizarreries, ne s'avoua point sur-le-champ que l'idée de Lucienne chassait parfois Caliste de son souvenir comme Lucienne elle-même avait effacé le souvenir de la princesse jusque dans son ancienne demeure.

XXIII

Aux premiers mots qu'il dit à Mme Chaudray de cette rencontre surprenante, la baronne manifesta la plus bruyante gaieté.

Elle se fit raconter l'histoire avec tout ce qu'Armand voulut bien lui donner de détails. Qu'allait-il faire par là ? Ne connaissait-il pas un peu cette demoiselle Dampmesnil ? Comment l'avait-il trouvée ? Enfin, elle n'omit aucune des questions qu'une femme sait si bien faire en peu de mots. On comprend qu'elle se trouvât piquée au jeu, elle autrefois si empressée à amener un rapprochement, elle qui avait tant conspiré pour ce résultat venu tout seul.

Armand avoua que l'aventure ne lui avait pas déplu. Il fit grand éloge des perfections de la jeune personne. A son tour il hasarda quelques questions. Sur ce terrain, la baronne, préparée ainsi que nous le savons, l'attendait de pied ferme, et le laissait venir s'enferrer de lui-même. Armand n'alla point jusque-là, mais il en dit assez, il en pensait assez pour donner prise. Ignorant tout ce qui s'était passé entre la baronne et son père, entre Lucienne et la baronne, tandis que son interlocutrice savait tout son jeu par cœur, il croyait ruser bien subtilement, et n'était que dupe.

— Ainsi, lui dit la baronne, vous êtes entré en relations comme cela tout de suite avec la plus charmante héritière de Paris? Vous avez eu de la chance, d'aller vous perdre dans les environs de cette maison.

— Ah! madame, répliqua-t-il un peu dépité, si j'eusse pu prévoir que cette jeune fille était ce que vous nommez une héritière, ce n'est point de son côté que je fusse allé me perdre.

— Bah! s'écria Mme Chaudray avec une hilarité toujours croissante, certaines maisons attirent, elles ont l'air d'avoir été faites d'aimant au lieu de pierre de taille.

— Que voulez-vous dire? demanda Armand très mécontent.

— Je dis que tôt ou tard vous deviez fatalement revenir à cette maison-là, continua la baronne bien éloignée de soupçonner le quiproquo terrible de ses paroles. Cette maison, mon cher Armand, vous aviez déjà failli vous y brûler les ailes; voici qu'enfin ces petites ailes-là viennent de s'entamer.

— Mon secret est-il donc connu? pensa le jeune homme avec angoisse; et, comme dans les comédies, il murmura:

— Je vous supplie, madame, de vous expliquer.

— Volontiers, mon cher Armand, car vous me regardez avec de gros yeux effarés qui me font peine. Je dis que vous tournez autour de la maison Dampmesnil, parce qu'une fois déjà, sans le savoir, vous y avez failli entrer.

— Moi, madame !

— Ce n'est pas de leur maison de campagne que je parle, elle ne l'avaient pas à l'époque dont il s'agit. Je dis maison pour dire logis, entendez-vous, et logis est un euphémisme que j'emploie pour exprimer famille.

— Moi, j'ai failli entrer dans la famille Dampmesnil ! s'écria-t-il tout rouge et tout ébahi.

— Parfaitement, si vous l'eussiez voulu ; mais vous ne l'avez pas voulu, reprit la baronne en riant. Je ne vous trahirais point ce petit secret si je ne le voyais, par une étrange fatalité, reparoître sur le tapis. Oui, mon cher Armand, il y a eu un moment où Mme Dampmesnil la mère étant tombée malade — du cerveau — je me suis intéressée à cette charmante fille qu'on appelle Lucienne.

— Lucienne, murmura Armand.

— Toutes les vertus, toutes les grâces du corps et de l'esprit, un grand nom et quatre millions de fortune, voilà ce qu'elle pouvait offrir à un mari.

— Quatre millions ! pensa Armand, au souvenir des tentatives infructueuses faites dix-huit mois avant par son père.

— C'était un vrai cadeau, n'est-ce pas, mon ami ?

Je cherchai autour de moi l'homme qui en pouvait être digne, l'homme qui me répondrait du bonheur de cette noble jeune fille, et je ne trouvai — ah! dame, tant pis pour vous! je vais tirer un compliment à bout portant, gare ! — je ne trouvai qu'un certain gentleman, orné de perfections correspondantes, un nommé Armand de Bierges.

Celui-ci baissa la tête.

— Vite, continua la baronne, je m'ingénie, je m'évertue. Ma souricière est tendue, je surveille la trappe. J'emploie à cette opération toutes les délicatesses dont je puis disposer. Pas un mot à la jeune fille, car elle est fière, et ne savait pas même l'existence dudit gentleman, pas même son nom, vous comprenez, Armand?

— Oui, madame, je comprends.

— J'espérais seulement qu'elle me saurait gré de la marier si je la mariais bien. J'installe, dis-je, toute ma petite mécanique, croyant que celui des deux qui gagnerait le plus serait mon protégé le gentleman. Bast! aux premiers mots d'un père que j'avais chargé de le pratiquer adroitement, refus, refus absolu, péremptoire, refus absurde.

— Madame, savais-je alors?... pouvais-je deviner?...

— Il eût mieux valu!... s'écria la baronne... c'eût été galant à moi d'exposer cette jeune fille à un refus, à vous de la refuser!...

— C'est vrai.

— Et vous n'eussiez pas manqué de lui faire cette

offense, vous l'eussiez faite à la déesse Perfection, dans votre accès de fièvre.

— Mon accès...

— Sans doute... Nierez-vous que vous fussiez malade d'esprit ?

— J'avais, madame, ce mal ridicule commun à tout homme de mon âge, la soif de l'indépendance.

— Cela s'est rencontré à merveille, du reste, reprit Mme Chaudray, car ma belle petite amirale était malade de la même maladie. C'est ce qui l'a empêchée de se marier sur-le-champ. On la demandait de vingt départements et des douze arrondissements de Paris ; mais son heure n'était pas venue.

— Voilà les projets, dit Armand les dents serrées.

— Vous comprenez maintenant, interrompit la baronne, pourquoi j'ai tant ri tout à l'heure en moi-même quand je vous ai vu rôder autour d'une porte que j'avais un moment tenue toute grande ouverte pour vous.

— Je comprends, mais je ne rôdais pas, je me perdais.

— Orgueilleux !

— Dieu me préserve de l'être, et de contester à cette aimable personne un seul de ses mérites ; je leur rends au contraire un éclatant hommage. Seulement, madame, croyez-le bien, les mêmes combinaisons ne se représentent pas deux fois dans la vie d'un homme. Un instant vous avez pu disposer de la main de cette jeune fille, et votre amitié pour moi vous faisait croire possible une alliance parfaitement irréalisable. Je ne suis pas riche, madame; Mlle Dampmesnil est quatre fois millionnaire; tout se fût bien brouillé au moment de faire les comptes.

— C'est possible, murmura la baronne, dont l'esprit inventif roulait déjà cent combinaisons nouvelles, et qui, pour les mieux appuyer, venait de décider qu'elle fermerait à Armand la boîte des confidences. Oui, vous avez raison ; deux chances absolument pareilles ne reviennent pas au même joueur. Il faudrait, pour opérer ce miracle, un grand magicien, l'Amour. Vous ne me faites pas l'effet, vous, Armand, d'être un sujet bien soumis de ce tyran. Quant à Mlle Dampmesnil, vous l'avez vue, c'est une statue de marbre.

Armand ne put s'empêcher de sourire avec incrédulité. Cette prétendue image de marbre lui avait paru, au contraire, une femme pétrie de sentiment et de vie. S'il eût pris d'elle une autre idée, Lucienne ne se le fût pardonné jamais.

— Quoi qu'il en soit, statue ou non, dit l'intelligente hôtesse, vous avez passé bien près d'un grand bonheur; et, si charmante, si adorable que soit la femme que vous choisirez un de ces jours, car enfin un jour ou l'autre vous vous marierez, jamais, je vous le dis en soupirant, vous ne retrouverez une bonne fortune comme celle que vous avez laissé échapper sans le savoir.

Armand plia les épaules.

— J'en serai quitte pour ne pas me marier, dit-il ;

car je suis fait ainsi, moi. Le moins me dégoûte quand je soupçonne le plus.

— Allons donc! est-ce qu'un homme de votre monde peut ne pas se marier? interrompit la baronne avec dédain. Laissez cela aux gens incapables d'atteindre ce *plus* dont vous êtes jaloux. Ne pas vous marier! je voudrais bien que M. de Bierges vous entendît. Ne pas vous marier! ne pas donner à ce digne ami une fille qui baisera ses belles joues fraîches, et des petits enfants qui caresseront ses cheveux blancs! vous n'êtes pas mauvais fils, je suppose?

Armand se tut. Son front s'inclina. Il prit la main de la baronne, la porta en souriant à ses lèvres, et sortit.

XXIV

Elle avait raison, cette sage amie ; tôt ou tard, il lui faudrait se marier; il devait une famille à son vieux père, il lui devait, pendant sa vie, toute une génération nouvelle d'amour, de respects; après sa mort, les fleurs et les souvenirs de sa postérité.

De quel droit l'en eût-il privé? au nom de quel intérêt, de quel amour? Ce mariage, Caliste elle-même ne le lui avait-elle pas permis? Oh! ce qu'une femme autorise, en pareil cas, il faut que ce soit d'une néessité bien reconnue ! Oui, Calisto avait réfléchi. Maïdé elle-même, enchaînée pour la vie, honteuse de briser ces liens sacrés pour en reprendre d'autres illégitimes, la princesse conseillait nettement le mariage à son ami Armand.

Il sentait bien qu'une correspondance active, tendre avec Calisto, lui eût fourni la force nécessaire pour vivre seul à six cents lieues d'elle. Mais isolé, sans un mot, sans un encouragement, sans un espoir, c'était impossible.

La vie est courte. Elle est semée d'une foule de malheurs inévitables. Y ajouter ceux qu'on eût évités, c'est de la démence; perdre sa jeunesse dans l'ennui et la solitude, quand une femme qu'on s'obstine à regretter court peut-être les bals et les fêtes et se drape dans sa gloire d'incomparable épouse, de Lucrèce et d'Éponine, c'est plus que de la démence, c'est de la stupidité.

— Je verrai, d'ailleurs, je réfléchirai, se dit Armand au sortir de l'entretien qu'il avait eu avec la baronne. Mlle Dampmesnil ne me connaissait pas, ne savait pas mon nom, et voilà qu'en m'apercevant elle m'a reconnu et presque nommé. Elle avait remarqué mon père. Tout cela est bizarre, on en conviendra.

Oui, cette jeune fille est tout le contraire d'une statue. Geste souple, regard profond, démarche ferme, un sens exquis; elle est grande, ses bras sont beaux, j'ai vu sous les plis de sa robe un pied long et fin; ses dents sont presque aussi belles que les dents merveilleuses de Caliste. Elle a les cheveux peut-être plus beaux.

Qui pourrait nier certaines intentions du hasard dans ma rencontre avec cette jeune fille ? Ne dirait-on pas que mon génie familier a préparé la chose ? N'est-il pas surprenant que du sein des ruines sur lesquelles j'allais m'attrister, jaillisse pour me consoler cette fleur découverte en plein printemps ? Un superstitieux ne soupçonnerait-il pas que mon protecteur invisible a mis cette jeune fille chez Caliste pour remplacer Caliste, ainsi que la nature met partout le remède à côté du mal, la vie auprès de la mort ?

Telles furent les pensées qui, par une pente insensible, conduisirent Armand vers des affections nouvelles. Plus il cherchait à justifier ce penchant, plus il s'en rapprochait. Autour de lui, bientôt, chacun l'aida sans qu'il pût s'en apercevoir. On connaît l'activité de Lucienne, sa volonté infatigable, le zèle qu'elle savait allumer chez ses amis. La baronne, revenue à ses premières idées, et croyant avoir démêlé cette fois chez Armand la lassitude d'une position fausse avec le désir d'un changement, la baronne lança plus intrépidement que jamais M. de Bierges, le père, en lui recommandant circonspection, énergie, jusqu'à la victoire.

Le résultat ne se fit pas attendre. Cent occasions de se rencontrer ayant été fournies à Lucienne et au jeune homme, Mme Chaudray ayant assuré que l'amirale était devenue amoureuse du conseiller, — hélas! pauvre femme innocente! comme on la calomniait, elle, l'amante irréprochable du jet d'eau! — enfin, la saison permettant les promenades, les excursions en forêt, les dîners champêtres, on pense si Lucienne, habile et tendre comme elle l'était, sut mettre tous ces éléments à profit. Trois mois après la première entrevue, les Dampmesnil et les de Bierges étaient devenus inséparables. Cette jeune fille, dont l'amour honnête et opiniâtre achevait si cruellement, si férocement l'ancien amour agonisant au cœur du fiancé qu'elle s'était choisi, ce type d'ange exterminateur est plus commun qu'on ne pense, et rien n'est barbare comme la vierge qui aime.

Lorsque Armand s'aperçut du long chemin que tous ces conspirateurs lui avaient fait faire, et qu'il avait fait sans trop se faire prier, une sorte de remords le prit. Mais il était bien tard. Les misérables petites résistances qu'il essaya furent brisées par des séductions nouvelles; et comme il voulait lutter contre les séductions, comme il ne voulait pas se rendre ainsi, sans fournir le dernier combat, un jour que sa mine était froide, son front assombri, et son attitude celle d'une victime, un jour qu'il marchait côte à côte avec Lucienne, dans la campagne, aux environs de la maison réconciliée, Mlle Dampmesnil, qui observait avec tristesse les oscillations de ce cœur malade, arrêta brusquement son languissant compagnon, et le faisant asseoir à l'angle du petit bois, dans l'herbe, à la même place, peut-être, où Calisto autrefois avait tant pleuré pour annoncer son départ à Armand :

— Monsieur Armand, lui dit-elle, vous n'êtes déjà plus le même. Je lis avec peine sur votre visage ce qui se passe au fond de votre âme, et au moment je devrais compter sur un peu de joie, vous semb manifester seulement du regret.

Il voulut répondre.

— Du regret, dit-elle avec une douce insistance. Eh bien ! je le comprends et vais vous mettre bien à l'aise. Pourquoi, après tout ce qui s'est dit entre nos parents, et un peu entre nous, pourquoi ne prendrais-je pas quelque liberté pour me faire bien comprendre ? Monsieur Armand, j'ai beaucoup écouté dans le monde, et j'ai appris, pour l'avoir entendu répéter souvent, que les jeunes filles, en se mariant, n'ont pas d'ennemis plus cruels que les souvenirs de leur mari.

Armand releva la tête. Lucienne lui prit la main :

— Permettez, dit-elle, que j'achève. Si vous me répondiez, je brouillerais le peu d'idées que j'ai en ce moment, et je ne les retrouverais plus. Qui sait ? mon cœur souffre, cela me rendra peut-être éloquente, ne m'enviez pas l'occasion de briller une pauvre fois à vos yeux.

Oui, nos ennemis mortels ce sont vos souvenirs. Vous avez tous, à votre âge, rencontré des femmes plus belles ou meilleures que votre fiancée. Vos premières joies, vos premières ardeurs, d'autres les nt recueillies. Heureuses femmes! Toujours, pour ces privilégiées, vous conserverez, soit un peu de reconnaissance, soit même du respect, soit, hélas! de l'amour! Vous vous dites qu'elles étaient bien supérieures à nous, qu'elles avaient le courage, qu'elles faisaient des sacrifices, qu'elles savaient aimer et se rendre aimables. Réfléchissez! Comment une jeune fille pourrait-elle faire tout ce qu'ont fait ces femmes tant regrettées? L'accepteriez-vous pour épouse, si elle le faisait? Non. Cependant, vous arrivez à elle froidement, avec d'autres noms dans le cœur. Cependant vous ne l'aimez pas, et vous lui laissez voir que peut-être vous en aimez encore d'autres.

Armand, estimez-vous tant le courage? Qui vous dit que je n'en ai pas? M'avez-vous éprouvée? Me connaissez-vous bien? Savez-vous, et saurez-vous jamais si cette jeune fille, gauche et embarrassée dans le harnois virginal, n'est pas une femme de la taille et de la trempe des héroïnes? Nous aimons aussi tendrement, aussi délicatement que les femmes; nous le cachons parce qu'il le faut, parce que nous n'avons pas de preuves à faire, parce que souvent nous rougissons d'être ainsi méconnues; mais ne vous y trompez pas; ce serait aussi injuste que de nous accuser de mauvais goût en toilette, parce qu'il nous est défendu de porter des diamants. Oh! non, Armand, ne vous y trompez pas : c'est auprès de nous, auprès de nous seules que réside le bonheur. Toutes vos liaisons du monde, les plus heureuses, les plus enivrantes, vous ont toujours coûté quelque brin de votre honneur ou quelque goutte de votre sang ; elles passent et vous laissent un souvenir sans doute, — c'est encore trop pour nous qui le voyons. — Mais attendez-le, ce triste papillon, après les premières pluies d'automne, aux premières bises d'hiver. Où est l'azur, où est la pourpre ? et que devenez-vous, pauvres vieillards pâlis, qui promenez votre ennui et vos inquiétudes devant tant de frais visages moqueurs ? C'est, vous dis-je, à notre jeunesse qu'il faut associer la vôtre, et au lieu de nous apporter le reste fané de votre cœur, dites-vous hardiment qu'avant de nous connaître, vous n'aviez jamais rencontré d'amie, d'amante qui valût mieux que nous ; et ce sera vrai, monsieur Armand, ce sera vrai, je le sens bien, je vous le jure ; car nous sommes belles, car nous commençons à peine la vie et nous nous élançons pleines d'ardeur, de joie, d'enthousiasme, dans les sentiers que vous avez battus ; car nous sommes intelligentes, et nous vous égayerons en route, ne fût-ce que de nos naïvetés ; car nous sommes fortes, et si vous êtes fatigués les premiers, nous vous soutiendrons au besoin ; car enfin nous avons le nom, le rang, la puissance comme toutes ces femmes que vous regrettez, et nous tenons tout cela de Dieu, et nous vous l'apportons avec ivresse. Il ne nous manque que votre amour. Aimez-nous, vous nous épouserez. Une fois femmes, comparez-nous aux autres. — Alors seulement, si vous êtes trompés, il est temps de vous repentir. Jusque-là du moins réfléchissez au lieu de nous faire mauvais visage.

Armand avait écouté sans répondre. Plus d'une fois l'accent véhément, le regard incisif et la généreuse audace de cette jeune fille, l'avaient ému, transporté. Il s'était contenu à peine.

Il se leva.

— Oui, mademoiselle, dit-il, vous avez raison, et quiconque passe auprès d'une perle sans la voir est à plaindre; sans la ramasser, s'il l'a vue, est fou.

On rejoignit le reste de la compagnie qui venait avec toutes sortes de ménagements troubler ce tête-à-tête. La journée s'acheva gaiement. Armand gardait un sérieux auquel tout le monde pouvait se méprendre, mais auquel assurément Lucienne ne se trompa point, car elle rayonnait d'enjouement et d'une sorte d'orgueil. Elle ne parla plus au jeune homme et caressa beaucoup son père.

Le soir, après un voyage encore rempli de rêveries et de consultations sévères avec sa conscience, Armand, au moment de souhaiter le bonsoir au conseiller, le prit par la main et le pria de vouloir bien demander pour lui Mlle Lucienne Dampmesnil.

Cet aveu, trop longtemps attendu, fit éclater soudain sur le visage du vieillard une joie immodérée. Le cœur d'Armand l'en remercia tout bas. Comment eût-il pu ne pas accepter un mariage ainsi désiré par son père?

La démarche fut faite le lendemain, et l'amirale,

que Lucienne tenait dans ses bras, répondit tout ce que lui demanda sa fille. On fixa un jour pour instruire la famille et annoncer la nouvelle aux nombreux amis.

Lucienne prit ensuite le bras d'Armand et le conduisit près d'une fenêtre ; elle lui montra le ciel.

— Regardez cet azur, lui dit-elle : une place si nette, n'est-ce pas commode, n'est-ce pas beau ?

— Oui, répliqua-t-il.

— C'est mon cœur, Armand, ajouta-t-elle ; écrivez-y tout ce que vous voudrez.

Lorsqu'il partit d'auprès d'elle, il se demanda si au lieu d'être simplement content, il n'était pas tout à fait amoureux.

Comme Mme Chaudray lui faisait compliment avec une certaine nuance railleuse qui les surprit lui et son père, le père le premier eut le courage de lui demander pourquoi elle souriait ainsi.

— Parce que, dit-elle, ce spirituel et profond diplomate est le plus grand niais que je connaisse.

Venez, ajouta la baronne, il faut que je vous montre un cactus admirable, dont Lucienne est, je crois, l'inventeur, en collaboration avec son jardinier.

Elle emmena le père et le fils voir cette merveille, et, au lieu d'aller droit à la serre, elle prit une allée qui n'en finissait pas.

— Mais, dit le conseiller, vous nous perdez ; où allons-nous, baronne ?

— Nous prenons un chemin qui nous conduit à la

porte du jardin au lieu de nous conduire à la serre, ajouta en riant le jeune homme.

— Je fais, répliqua la baronne en s'arrêtant court, ce que vous avez fait depuis deux ans. Il y a deux ans que cette petite femme adorable vous aime et vous attend. Quel chemin avez-vous pris, hein ? Dieu seul le sait !... Allons voir le cactus, maintenant que nous voilà remis sur la bonne voie.

Le conseiller se mit à rire, et partit devant avec la baronne.

— Deux ans qu'elle m'aime ! murmura Armand seul, et illuminé soudain par un éclair qui lui révélait tant de choses jusque-là obscures, deux ans qu'elle m'attend ! Mais alors... est-ce bien le hasard qui lui a fait acheter cette maison de la pauvre Caliste. C'est une belle âme à coup sûr, que cette jeune fille. Qui sait ! une grande âme peut-être.

XXV

Au milieu de cette résurrection de son cœur, et dans les premiers transports d'un bonheur qu'il s'était habitué à regarder comme légitime, lorsque déjà on parlait de signer un contrat et de faire revenir le frère de Lucienne, en congé de convalescence à Kamiesch, alors qu'il n'avait plus ni le temps, ni le moindre désir de reculer devant son mariage avec une femme qu'il aimait, Armand reçut tout à coup une deuxième lettre de la princesse Novratzin.

Cette fois, le message était apporté par le mougik lui-même, ce fidèle serviteur de Caliste, venu en France par la voie de Constantinople.

En le recevant, le jeune homme, frappé d'un coup de foudre, ne douta plus que sa liaison avec cette femme naguère tant aimée ne fût un de ces piéges formidables comme sait les tendre la mauvaise fortune aux hommes prédestinés à certaines vicissitudes et à certaines catastrophes. Un sentiment secret l'avertit que ses rapports avec Caliste, avec ce malheur vivant, n'étaient pas encore terminés.

« Mon ami, disait Caliste, je vous écris le cœur navré. Hélas ! faut-il que je vous réveille du calme peut-être bienfaisant où vous dormiez. Mais le cœur que je connais ne me reprochera point de l'appeler à mon aide. Un épouvantable danger me menace, ou, pour mieux dire, je suis perdue.

» Vous savez que vous m'avez écrit : je n'ai reçu pas une de vos lettres. Vous êtes sûr que j'avais écrit de même et vous n'avez rien reçu de moi. J'attribuais ce malheur aux ordres rigoureux donnés à la frontière. Nos lettres, me disais-je, ont été simplement confisquées et brûlées.

» Non, Armand, vos lettres et les miennes ont été ouvertes, saisies. Elles sont dans les mains du comte de Würgen qui remplissait à la douane un poste de confiance, et le comte de Würgen est le frère de la comtesse Gorthiany, de cette ennemie mortelle que vous soupçonniez déjà lorsque je la défendais encore contre vous, et qui aujourd'hui lèverait le masque sans la peur qu'elle a du scandale que ferait ma défense. Tant que vivra le prince Novratzin, on me ménagera, j'en suis à peu près sûre. Mais le prince vivra-t-il et combien de temps vivra-t-il ? voilà ce que je me demande avec terreur depuis la confidence que j'ai reçue de son chirurgien.

» Le déshonneur pour moi, je ne parle pas de la ruine ni de la chute, voilà ce qui m'attend sitôt que la comtesse fera usage de ces lettres. Vous connaissez les vôtres, Armand, moi je me rappelle celles que je vous écrivais, et je ne doute pas qu'après les avoir lues, le juge le plus prévenu en ma faveur ne puisse m'accabler de tout le poids du véhément et inextinguible amour qu'elles révèlent.

» M'abandonnerez-vous, me laisserez-vous crouler sous le mépris et l'opprobre ? Je ne l'ai pas craint un instant. Vous allez en avoir la preuve. Il s'agit de reprendre ces lettres au comte de Würgen ; on me croit seule, paralysée par mon nom et le respect que je dois au prince mon mari ; on pense avoir bon marché d'une femme à demi-morte, mais la scène changera quand vous apparaîtrez. J'ai tout calculé, vous n'avez rien à perdre, vous ne courez qu'un danger physique, et votre âme ne compte pas avec ces considérations-là.

» Le comte, en ce moment, tient garnison à ***, petite ville de Pologne, sur la frontière. On craint par là des soulèvements, et vous savez que notre empereur y entretient une armée formidable. Allez donc chercher le comte; il est Français de langage et de manières. Vous l'avez peut-être connu à Paris. Son opiniâtreté ne tiendra pas contre la vôtre ; peut-être, et c'est probable, saurez-vous, par votre esprit et le charme de votre personne, l'amener à se dessaisir amiablement de nos lettres ; il y en a deux de moi, vous savez le compte des vôtres.

» Ma vie, depuis que j'ai découvert cet horrible secret, est devenue un supplice sans nom. Ce blessé, qui s'éteint peu à peu, ne me regarde pas sans me faire frémir. Je tremble à l'idée que cette révélation le tuerait, et, songez-y, c'est moi qu'on accuserait de sa perte. Au moment, dirait-on, où l'art des médecins l'avait arraché des bras de la mort, l'indignité de sa femme l'a précipité dans la tombe.

» Je n'ajouterai pas un mot. Appréciez, décidez, agissez.

» CALISTE. »

Armand eût moins souffert, si tous les coups mortels qui peuvent anéantir un homme fussent venus le frapper à la fois.

Que faire? Comment laisser Lucienne et sa famille? Que dire à son père? qu'imaginer?

D'un autre côté, comment ne pas répondre à Caliste par une noblesse égale? Une femme en péril criait à l'aide, et l'auteur de ses misères, la cause de son danger se cacherait au lieu de la secourir!

Armand se rappelait le feu des lettres qu'il avait écrites, et ces détails poétiques qui font frissonner quand l'esprit se les raconte, refroidi par le temps et la distance, ces misérables détails, perte inévitable, seule perte infaillible des amants, depuis que Cadmus a inventé l'art de parler aux yeux, comme dit certain poète classique, lorsque Armand se les reconstruisait un à un, ces détails à la Jean-Jacques, il devenait fou et sautait sur ses épées.

Rendons-lui justice. Il hésita seulement le temps d'écouter la raison, qui faisait en lui son algèbre. Mais quand la raison eut fini, le cœur reprit la parole et la garda jusqu'à la fin de la discussion.

Il fut donc arrêté qu'avant tout, avant la raison, avant le bon sens, avant la possibilité même, Armand obéirait à l'appel de Caliste en péril.

Les moyens seraient examinés ensuite.

On commencerait par chercher les plus conciliants, ceux qui permettraient à Armand de ménager ses intérêts les plus chers; et cette logique de l'honneur est toujours sublime en ses conséquences: elle dégage l'homme de toute mesquine servitude. Quiconque a d'abord satisfait à l'honneur par quelque sacrifice suprême, a le droit ensuite d'être égoïste.

Ainsi, Armand partirait, mais il s'arrangerait de façon à ne rien compromettre du bonheur et du repos de Lucienne, de son propre bonheur. Il endormirait la défiance de la jeune fille par quelque beau mensonge, par quelque noble rouerie. Le voyage en Pologne avec ses résultats, quinze jours. C'est peu pour un indifférent, mais pour un homme quasi marié c'est l'éternité. — N'importe... un prétexte.

Armand chercha, il trouva.

La fortune que devait lui apporter sa femme était considérable : elle offrait avec le patrimoine d'Armand une disproportion que celui-ci avait souvent déplorée. Plus d'une fois le jeune homme s'était dit que depuis le nouvel état de choses auquel il daignait accorder toutes ses sympathies, rien ne l'empêchait d'accepter une position distinguée que ses amis lui avaient offerte.

La recherche de cette position ne fournirait-elle pas le prétexte demandé pour une absence de quinze jours ?

Oui, mais quelle position ?

Le plus sûr était de ne pas donner de détail : c'était aussi le plus court. D'abord, s'il ne disait rien, s'il jouait le mystérieux, Armand aurait l'avantage de ne pas être obligé de savoir lui-même ce qu'il voulait cacher aux autres. Économie d'imagination et de temps. Et le mystère, on pouvait l'expliquer par ce désir très plausible de faire une surprise à sa fiancée, en lui apportant le titre de la charge comme présent de noces.

Plus de difficultés ? Rien qu'une.

Comment et pourquoi s'absenter quinze jours pour des démarches qui d'ordinaire se font dans la métropole en un périmètre d'une heure de cabriolet ?

Armand faillit se briser la tête contre cet obstacle, le plus niais de tous. Un homme peut se décider à franchir mille lieues, il fait l'abandon de sa vie, il soulèvera un monde, mais il faut d'abord qu'il passe le seuil de sa chambre à coucher, voilà la difficulté, le premier pas, comme dit la chanson.

Et puis, où irait-il, ne l'épierait-on pas ? S'il manifestait la moindre émotion, le moindre embarras, ne ferait-on point sinon obstacle, du moins esclandre à son départ ?

Armand avait pour ami un illustre ambassadeur. Ce grand diplomate devait lui donner l'apostille nécessaire au succès de sa nomination. Pour avoir l'apostille bien chaude, il fallait la demander de vive voix, sous le magnétisme de la présence physique. Or, l'ambassadeur était à trois cents lieues, dans une capitale abordable par les chemins de fer. Cette facilité de locomotion, de communication, rassurerait ceux qu'Armand tenait tant à ne pas troubler dans leur confiance. C'était vraisemblable, presque pas absurde. C'était conclu.

Armand commença aussitôt l'exécution par son père. Il lui fit part des scrupules honorables qui l'assaillaient en présence de la dot écrasante de Mlle Dampmesnil. Le conseiller fut très-flatté de ces sentiments délicats. Il donna en plein dans le panneau. Jamais succès de son fils ne lui avait plus délicieusement chatouillé le cœur. Quoi ! M. de Bierges serait... père d'un... d'un quoi ?... Armand ne se tira pas mal de la réponse. Il ne pouvait encore le dire ; c'était son petit secret. Il réservait la surprise à son père. Au cas où la négociation échouerait, le mécompte serait trop douloureux, si d'avance on eût connu le but qu'il espérait atteindre.

Oui, mais pour se faire hisser jusque-là, Armand avait besoin du concours efficace d'un protecteur absent, l'illustre diplomate.

— Certainement, mais il est à Vienne, cher père.
— Oh ! oh !
— C'est trop loin... impossible d'aller si loin, n'est-ce pas ?
— C'est bien loin, mais on a le chemin de fer.
— Eh ! c'est encore l'affaire de huit jours !
— Huit jours ! bon Dieu !
— Voilà ce que je me dis... Bon Dieu !...
— Mlle Dampmesnil ne vivrait plus, si tu disparaissais huit jours.
— Je vois qu'il faut que je renonce à cette position magnifique ; c'est pourtant bien dur d'épouser ainsi sans argent, et sans le moindre mérite, une femme accomplie qui a des millions. Ne dira-t-on pas que tu as chassé pour moi à la dot ?

Le conseiller se gratta le front. Une position magnifique ! Armand sentit bien qu'il l'avait persuadé.

— Eh ! dit le père comme illuminé soudainement. Quoi de plus avouable, quoi de plus honnête ? Vois-tu Armand, ne rusons jamais. Vas trouver Lucienne, et raconte-lui l'affaire ; tu la convaincras tout de suite, ou je la connais mal.

— Et moi, pensa Armand, moi, je la connais bien, et je sais ce qui m'arrivera, si j'ai le malheur de la prévenir.

— Alors, reprit-il tout haut, ce n'est plus une surprise, et ma petite mise en scène est manquée. Non, j'avais une idée toute pareille à la tienne, cher père, ton idée même. Je vais partir, me disais-je, Lucienne ne me saura parti que demain. Mon père est si adroit, que je pourrai gagner peut-être une demi-journée. Alors il verra Mme Dampmesnil, il se fera bien appuyer par Mme Chaudray, il prendra le petit air conspirateur qui lui va si bien, et qui ne manque jamais son effet ; il embrassera une fois de plus Lucienne qui l'adore, et celle-ci croira tout ce qu'on voudra.

— Comment, tout ce qu'on voudra ? dit M. de Bierges.

— Tout ce qu'il faut qu'elle croie, interrompit Armand, car je ne suppose pas que tu ailles lui dire tout, puisque nous voulons lui faire une surprise.

— C'est juste.

Armand embrassa tendrement le conseiller, écrivit

une lettre à Lucienne que celle-ci devait recevoir des mains de son futur beau-père. Il mit dans cette lettre toute l'adresse capable de bien rassurer une fille amoureuse, c'est-à-dire qu'il y mit infiniment de cœur, sans le moindre mot d'esprit.

Puis, il alla trouver son ami Desbarrolles, qui lui assura la main, et quand il eut, en une heure d'efforts, touché deux fois du fleuret le gilet de ce rude jouteur, il partit très-rassuré sur les suites que pourrait avoir un malentendu avec le comte de Würgen.

Il quitta Paris dans la même matinée. Rendez-vous donné à Cologne au mougik de la princesse.

XXVI

Le comte Frédéric de Würgen, jeune homme, ou plutôt homme jeune de trente-cinq ans, était un cavalier plein de distinction et d'esprit. Il avait fait la guerre plusieurs années en Circassie dans cette école militaire des Russes ; il était brave et bon officier, ambitieux sans frein et sans pudeur, mêlant habilement au caractère moscovite l'ingrédient français qui peut rendre un courtisan plus charmant aux yeux du maître.

Digne jumeau de la douce Zika, que nous connaissons, il défendait sa sœur qui protégeait son frère. Leur vigueur, leur habitude des combinaisons, leur confiance réciproque les rassuraient sur leur mutuel avenir.

C'était à cet homme, dangereux adversaire sous tous les rapports, que Caliste dans sa noble indignation adressait Armand, le seul défenseur qu'elle pût charger de son salut ou de sa vengeance.

Armand traversa rapidement la distance qui le séparait de ***. Il y arriva cinq jours après son départ. La route, assez longue pour favoriser les méditations de tout genre, n'avait pas épuisé chez lui la résolution ; elle avait aiguisé l'adresse, et, lorsqu'il arriva près de l'endroit où il savait trouver M. de Würgen, ce dernier avait bien perdu de ses chances pour la lutte morale. Au physique, Armand se trouva inférieur : il était écrasé de fatigue.

En vue de la misérable petite ville où le comte tenait garnison, Armand s'arrêta, trouva, sur les indications du mougik, guide précieux depuis qu'on avait perdu de vue la civilisation et ses hôtels, un abri supportable dans lequel il commença par dormir douze heures de suite. Après quoi il s'habilla, se remit en exercice, fit un bon repas, et, ayant relu la lettre de Caliste, sans l'accuser une seule fois, ayant donné à Lucienne ses plus fraîches pensées, il s'achemina, sûr de lui et de son droit, vers le palais — on nommait cela ainsi — de M. le commandant de place.

Une masure entourée de magnifiques jardins clos

avec des claies, beaucoup de petits enjolivements extérieurs d'un goût bizarre, la plus glaciale simplicité au dedans, voilà le palais qu'occupait le comte.

Armand s'était assuré par le rapport du mougik que son adversaire, après une longue promenade à cheval, venait de rentrer pour se reposer une partie du jour, selon l'habitude des militaires de tout pays après les manœuvres. Il se présenta chez le comte, auquel il fit passer sa carte, usage assurément nouveau pour le caporal qui servait de chambellan.

Armand s'était placé dans le second vestibule, à portée d'entendre, sinon de voir tout ce qui se passerait dans la salle où venait d'entrer le caporal instruit par le mougik. Il va sans dire qu'Armand avait habillé ce dernier comme un domestique de gentilhomme d'Occident. Détail auquel le caporal, peu observateur, n'avait pas fait attention, se figurant peut-être que toute l'Europe est une province de Russie où l'on ne parle que russe.

Armand écoutait, dis-je. Il entendit une exclamation partir de cette salle avec une épaisse nuée de fumée de tabac. Puis, à la suite de cette exclamation arrachée par une surprise bien naturelle, un homme vêtu d'une sorte de veste à brandebourgs, tout ouverte et doublée d'une fourrure quelque peu élimée, apparut au seuil de la salle, sans cravate et le jabot très-chiffonné. Cet homme était le comte Frédéric lui-même, que ce nom de Bierges venait de saisir au point qu'il en oubliait jusqu'à l'instinct de la représentation, si puissant chez les hommes du Nord.

Il n'avait pas cru ce qu'il voyait. Il vit, et la rougeur lui monta aussitôt au visage.

— Monsieur... murmura-t-il après un mouvement involontaire pour rentrer changer de costume.

— Armand de Bierges, dit Armand avec une politesse affable.

— Boulevard de la Madeleine! s'écria le comte en relisant la carte. Et vous en venez?... Entrez donc, monsieur, entrez donc, je vous prie.

Il le prenait courtoisement par le bras et le faisait entrer dans cette salle où son regard inquiet eût voulu cacher, ranger ou orner bien des choses nuisibles à a réputation d'homme élégant et riche.

Mais Armand était un Parisien bien élevé, c'est tout dire. Mettre à l'aise un Russe embarrassé de son pauvre petit ménage, c'était élémentaire.

— Monsieur, dit-il en souriant, je viens surprendre un soldat sous sa tente; me pardonnera-t-il mon bonheur?

— Surprendre est le mot, dit le comte en riant aussi.

— Oui, commandant, vous voudriez bien passer quelque splendide uniforme pour écraser tout à fait ma misérable redingote, répliqua le Parisien; mais laissez-moi au moins l'égalité. J'en ai bien besoin dans la démarche qui m'amène près de vous.

Le comte s'assit et fit asseoir son hôte. Il lui offrit

un cigare, en même temps qu'un mougik apportait une belle et immense pipe.

— Hélas! je ne fume jamais, dit Armand. Vous voyez, je ne suis bon à rien. Veuillez me prendre comme je suis, monsieur le comte.

— Nous n'avons ici que des rafraîchissements pitoyables, dit M. de Würgen, et je ne sais comment les proposer à un habitant du boulevard de la Madeleine, voisin de Durand et d'Imoda.

— J'accepterai tout ce qu'il vous plaira, monsieur, mais après que vous m'aurez accordé une demi-heure d'audience, répondit Armand, non sans une nuance de sérieux que le comte saisit à l'instant même, et aussitôt il congédia le mougik, posa sur un angle de table le cigare qu'il avait déjà allumé.

— Mon Dieu, dit-il, j'y pense, vous aimerez peut-être autant vous promener dans mon jardin, c'est ce que j'ai de plus convenable à vous offrir, et vous respirerez nos fleurs polonaises dont le parfum vous remettra de ces sales fumées que nous achetons trop cher en Flandre.

— Volontiers, répondit Armand; nous causerons plus librement au grand air.

Il se leva. Le comte alors l'enveloppa d'un coup d'œil intelligent, d'un vrai regard militaire qui toise son homme. Et cet examen muet, Armand, qui le sentit, ne fut point fâché de le subir : il rendait au même moment la pareille à son adversaire.

XXVII

Le comte de Würgen, après ce premier essai de l'ennemi, avait repris toute son amabilité causeuse. Il conduisit Armand dans un jardin délicieux coupé de canaux d'une eau moirée, autour desquels ces mêmes clôtures de roseaux servaient de tuteurs à des roses, à des jasmins, à des chèvrefeuilles d'une végétation opulente. Il avait eu raison, le comte, de vanter au Français le parfum des fleurs de Pologne, car elles embaumaient l'air et pénétraient d'émotions dangereuses, je veux dire généreuses et douces.

Armand se recueillait en marchant, il voulait aborder la question d'une façon à la fois habile et ferme, bien décidé, toutefois, à ne recourir aux moyens extrêmes qu'en cas d'impossibilité absolue. Là, consiste la véritable fermeté, la force. Il commença, voyant que le comte l'attendait dans le silence de la circonspection.

— J'ai fait un long voyage, monsieur, dit-il enfin, pour venir à vous, et je vois que mon nom vous a révélé à lui seul le but de ce voyage. Il me semble avoir lu cette intelligence sur vos traits, dans votre premier étonnement.

Le comte le regarda d'un air naïvement surpris.

— Moi! répliqua-t-il, mais je n'ai pas l'honneur de vous connaître, et je suis à mille lieues de savoir ce qui vous amène. Mon étonnement venait de votre apparition. Un Français, un Parisien de la Madeleine, à...., sur la frontière de Pologne et d'Autriche! avouez que vous eussiez à ma place été saisi comme je l'ai été.

Armand, pendant cette réplique, s'avouait que le comte ne pouvait répondre autre chose, et qu'il eût été absurde en se trahissant lui-même avant de savoir si on l'accusait.

— Monsieur le comte, dit-il, ce qui m'amène, c'est l'affaire à la fois la plus délicate et la plus simple. Des lettres que j'écrivais à une dame de ce pays sont tombées entre vos mains. Elles peuvent compromettre gravement cette dame : je voudrais que vous eussiez la bonté de me rassurer à cet égard.

Il regardait attentivement son adversaire en lui adressant ces paroles si nettes. Le comte ne se troubla point, il écoutait, paraissant s'attacher au sens de chaque mot plutôt qu'à l'idée générale, et on le verra, telle était en effet sa tactique pendant le cours de l'entretien.

— Je comprends encore imparfaitement, répondit-il, et je vous prierai de vouloir bien préciser du mieux qu'il vous sera possible.

— Très-volontiers. Il s'agit de Mme la princesse Novratzin, que vous connaissez fort bien, sans aucun doute, puisque Mme votre sœur est son amie intime.

— Amie intime? croyez-vous? dit l'officier avec un étrange mouvement de doute. Je ne sais trop. Mais enfin, je connais parfaitement Mme la princesse Novratzin.

— Eh bien, monsieur, vous étiez chargé de la surveillance des courriers à la frontière au moment où ont été interceptées les trois lettres que j'eus l'honneur d'écrire à Mme la princesse, comme aussi lorsque s'y présentèrent les deux lettres qu'elle m'a écrites. Or, elle n'a rien reçu de moi, moi rien d'elle. Ce fait est grave, et, vous sachant homme de goût, vous croyant sincèrement homme d'honneur, j'étais venu chercher près de vous une explication loyale, persuadé que je sortirais rassuré de notre entrevue.

— Rassuré sur quoi? demanda le comte avec douceur et politesse.

— Sur le danger que la violation de ces lettres et leur transmission aux mains de certaines personnes pourrait faire courir à la princesse et à moi.

Le commandant réfléchit un moment, moins comme un homme embarrassé d'une réplique, que comme un fonctionnaire paralysé par le caractère de ses fonctions.

— Vous me demandez, en effet, une chose délicate, dit-il, et je dois me contenter de vous répondre que j'ignore absolument les faits auxquels vous faites allusion.

— Monsieur, riposta Armand plus vivement, mais avec la même aménité persuasive, j'ai tout lieu de croire que vous ne les ignorez pas, et je vous supplie de prendre en considération ma démarche et l'intérêt puissant qui me force à vous interroger. Il y va de l'honneur, du repos d'une femme digne à tous égards de mon appui et de mon respect ; d'une femme que vous connaissez, et dont vous ne sauriez être l'ennemi au point de la vouloir perdre.

— Assurément, assurément, dit le comte avec calme ; mais je ne sais rien de ces lettres, et je voudrais vous rassurer, que je ne le pourrais pas.

Armand fronça le sourcil.

— Serait-ce votre dernier mot? demanda-t-il en évitant soigneusement l'intonation de la menace.

— Mon Dieu, oui, monsieur. A l'impossible nul n'est tenu, dit le proverbe.

Armand appuya doucement sa main sur le bras du comte, qui lui offrait une rose magnifique.

— Le malheur, dit-il, est que je ne puis me contenter de ce proverbe. N'y a-t-il point mieux que ce'a dans votre cœur de gentilhomme et d'officier, dans votre conscience, dans votre habituelle sympathie pour les gens de ma nation ? Car, remarquez-le bien, je vous donne l'exemple, moi, un Français, en guerre aujourd'hui avec vous; j'arrive, je me livre à votre merci, sur votre terrain même, pour obtenir une explication sincère. Et j'ai fait quatre cents lieues pour ce résultat, et vous me le refuseriez ! Songez, je vous prie, que je suis venu avec une immense provision de patience, de bons sentiments, de conciliation affectueuse, mais aussi avec une résolution arrêtée de ne point revenir sans une satisfaction quelconque.

— Je vous arrête là, dit l'officier avec un sourire. N'ajoutez pas un mot, sans quoi vous m'empêcheriez de vous rendre service. Or, j'y suis disposé naturellement par sympathie pour vous-même. L'ombre d'une intimidation me ferait dévier de cette disposition toute bienveillante.

Armand s'inclina.

— Je désire d'ailleurs, ajouta Frédéric de Würgen, que votre peine et votre courageux voyage vous rapportent un résultat. Je ne garantis pas qu'il soit bon, mais ce sera un résultat. Eh bien! au risque de trahir mes devoirs et ma consigne de soldat, je vais vous répondre. J'avais été placé à la frontière, avec ordre de l'empereur d'envoyer à Pétersbourg, directement à Sa Majesté, toute lettre venant de France ou allant en France. Et j'ai fidèlement exécuté la consigne. Les lettres ont été envoyées à notre czar.

Armand frémit.

— Que voulez-vous? dit le comte. Avant tout l'obéissance.

— Monsieur, reprit Armand honteux de conserver encore un doute après cette explication qu'accompagnait le plus sympathique regard, on m'avait assuré que ces lettres n'étaient pas sorties de vos mains.

Le comte se retournant :

— J'ai eu l'honneur de vous dire, interrompit-il, que je les avais envoyées à l'empereur comme toutes les autres.

Armand se tut. Évidemment l'entretien ne pouvait franchir ces limites sans prendre un autre caractère. Après l'aveu consenti par le comte, toute supposition contraire devenait une injure personnelle. Armand comprit qu'il n'obtiendrait pas une syllabe de plus, et que son insistance eût amené une querelle stérile.

— Pourquoi, pensa-t-il, cet homme ne dirait-il pas la vérité ? Sur quoi Caliste se fonde-t-elle ? Ne se trompe-t-elle pas dans sa terreur ? Garder les lettres, un fonctionnaire responsable ! ce serait fort ! Je sais bien que l'empereur Nicolas est mort et qu'avec lui bien des responsabilités ont disparu ; mais cependant la plainte portée à l'empereur Alexandre perdrait le comte de Würgen. Et puis il a un bon sourire, cet homme-là. Il ne joue point les traîtres. Qui sait, la sœur peut être une implacable ennemie de la princesse, mais lui !

Comme il flottait ainsi, dans un optimisme bien funeste au succès de sa mission, il crut voir, au bout du jardin, son mougik qui le regardait et semblait lui faire un geste de télégraphe.

— Venez-vous prendre une tasse de café avec moi ? dit le comte. C'est à peu près tout ce que nous avons de passable ici. Puis nous dînerons tantôt ensemble, n'est-ce pas ? Je quitte demain cette mortelle garnison ; nous partons ce soir, après la chaleur, pour la Crimée. Enfin! ai-je assez attendu!... Ah. sans l'empereur nouveau, je n'irais pas encore; mais je crois qu'il me veut du bien. Oh! c'est une faveur de premier ordre, la Crimée! notre czar n'envoie là que des amis.

Armand ne put tenir contre cette gasconnade hyperboréenne : il éclata de rire.

— Peste! répondit-il, que ferait-il donc pour ses ennemis? il me semble que là-bas votre empereur consomme une terrible quantité de ses amis si chers. Prenez garde!

— Bah! s'écria le commandant en se frottant les mains, j'ai toujours eu envie de voir Constantinople.

— Ce ne sera pas cette année, dit Armand sur le même ton de plaisanterie.

— Oh! si fait, répliqua sérieusement le comte. Nous arrivons en renfort à Sébastopol avec cent mille hommes. Vous voilà forcés de lever le siége et de vous rembarquer... Vous n'aurez pas plus tôt perdu l'offensive que nous la reprendrons.

Armand se remit à rire.

— Vraiment, comte, dit-il, vous êtes le plus agréable fantaisiste que je connaisse. Quoi! vous ne riez pas comme moi, vous qui avez habité en France! Quoi, vous croyez avoir des armées parce que vous avez des hommes? Mais nous, tandis que se fait cette guerre qui vous met déjà en désarroi, nous n'y pensons pas. Si vous passiez boulevard de la Madeleine, que de monde! Derrière les cent mille soldats que nous avons en Crimée, il y a dix-huit cent mille hommes tout prêts, et chacun de ces hommes a dans son fusil une idée. Vrai, je vous admire avec votre sang-froid. Mais revenons un peu à notre affaire, ajouta-t-il quand il supposa que la conversation avait amené entre eux plus de familiarité. Vous partez donc demain pour Sébastopol. Voyons, avant de partir, ne laissez-vous pas quelque scrupule derrière et ne me ferez-vous pas la grâce de vous en débarrasser à mon profit? Je vous parle comme à un compatriote, comme à un ami, ne m'aiderez-vous point à sauver une pauvre femme qui serait perdue par ma faute, et dont maintenant, quoi qu'il arrive, je ne saurais plus jamais réparer le malheur?

Le comte écouta bien attentivement, et comme ces derniers mots, prononcés avec intention, l'avaient frappé, il sembla vouloir se les faire expliquer tout à fait.

— Oui, continua Armand, je m'adresse au galant homme, et je lui dis: Vous avez déjà la moitié d'un secret à moi, c'est moi qui vous le révèle, puisque vous assuriez ne pas le connaître, puisque vous affirmez avoir envoyé les lettres à l'empereur. Voici que je reviens à la charge: ajoutez à votre déclaration tout ce que vous aurez de propre à rassurer ma conscience et la vôtre, — la vôtre, parce qu'en trahissant le secret d'une femme vous auriez commis une action indigne de vous, — la mienne, parce que, sur le point de me séparer irrévocablement, par un mariage, de cette femme, qui n'est pas libre, je commettrais une abominable action en la laissant sous le coup d'un malheur que j'aurais causé. Voyons, monsieur le comte, un peu de confiance, traitez-moi en ami, comme un loyal ennemi vous le demande.

Frédéric de Würgen sembla un moment hésiter. Puis, prenant sa résolution et rassérénant son visage :

— J'ai dit tout ce que je savais, répondit-il, et vous m'interrogeriez mille fois encore sans avoir de moi une autre réponse. Excusez-moi, voici mon courrier qui arrive.

C'était fini. Armand vit s'approcher respectueusement des officiers qui attendaient l'ordre du chef. Le mougik, de son côté, cherchait toujours à se faire voir d'Armand, et répétait son geste expressif.

— Où logez-vous, monsieur de Bierges, en ville? demanda le comte.

— Non, commandant, mon domestique a déterré pour moi un gîte passable hors la ville, sur la route.

Armand aperçut alors le mougik et ses signaux d'appel. Frédéric répondit :

— En ville vous seriez mieux. Voulez-vous que je m'occupe de cela? Mais à quoi bon, vous ne ferez pas un long séjour. Quant à moi, demain je serai parti.

Armand remercia.

— Vous dînez avec moi, je pense?

Quelque chose avertit Armand qu'il ne devait pas accepter.

— Merci, répliqua-t-il, je n'ai pas dormi depuis six jours ; je vais me mettre au lit. Aussitôt réveillé, j'aurai l'honneur de vous rendre visite.

— C'est moi qui vous visiterai, dit Frédéric de Würgen avec cérémonie. A quelle heure serez-vous visible ?

— A votre heure. En voyage je me lève avec le soleil.

— Eh bien, je vous ramènerai ici. Vous montez à cheval ? oui, sans doute ? nous ferons un tour dans la campagne, qui est belle, et le déjeuner nous attendra.

Armand s'inclina de nouveau. Le comte lui tendit la main cordialement, Armand donna la sienne ; ils se séparèrent.

— Il est impossible, pensa le Français, que cet homme-là ne soit pas un très-galant homme ; mais Caliste n'est pas moins inquiète pour cela. Seulement, je comprends tout. L'empereur Nicolas a eu les lettres ; il est mort, avec lui le secret de Caliste aura beaucoup perdu de sa gravité. Pourvu que les preuves n'aient point tombé aux mains de son mari, elle ne court aucun risque sérieux. Or, il est à peu près certain qu'elles n'y tomberont pas.

Me voilà donc tranquille. J'ai fait la démarche que me dictait l'honneur, et après ce dernier souvenir donné à une amie, je puis me livrer tout entier à mon amour. Vite, une lettre bien rassurante et bien inintelligible pour tout autre que pour Caliste. Le moujik la lui portera, moi je reprends la poste, mon cher chemin de fer, et c'en est fait de ce reliquat de jeunesse. J'écrirai au bas de ma vie de garçon : « Pour solde de tout compte! »

Il arriva, en disant ces mots, auprès du mougik, qui se penchant à son oreille, lui dit :

— Maître, quelqu'un t'attend à la maison.

Armand lui fit observer qu'il ne connaissait personne en ce pays.

— Si, maître, si, tu connais quelqu'un en ce pays; viens et tu vas voir.

Armand alors remarqua, pour la première fois cette agitation fiévreuse du bonhomme, et l'expression irritante de son petit œil gris étincelant sous un sourcil épais comme une moustache.

XXVIII

De loin, devant la porte du misérable bâtiment où il logeait, Armand vit une chaise de poste dételée. Sous l'appentis voisin, quatre petits chevaux, noyés dans leur crinière, se roulaient fumants sur une litière épaisse de joncs et de bruyères sèches.

Le mougik courut devant et monta le premier. Je dis monta, parce que la maison, composée de deux pièces, était bâtie sur une sorte de cave et formait un rez-de-chaussée auquel on parvenait par un escalier de six marches, taillé en plein dans un tronc de bouleau, avec une rampe en corde d'écorces.

Quand il eut donné son coup d'œil à l'intérieur, cet homme reparut sur le perron, fit signe à Armand qui arrivait au même instant devant la masure, et Armand monta à son tour.

Il pénétra dans sa chambre, un grand feu y était allumé malgré la saison. Devant le feu était assise une figure sombre toute enveloppée d'un large manteau, cette figure se retourna au bruit des pas d'Armand, c'était Caliste.

La première impression du jeune homme fut mauvaise.

— Fort bien, pensa-t-il, tout cela était combiné d'avance. La lettre avait pour but de m'attirer ici, à ce rendez-vous. Caliste aura connu mes projets, mon mariage; elle veut me forcer à rompre par quelque esclandre. Et elle savait parfaitement que ma rencontre avec ce Würgen n'aboutirait à rien. Oh! mais s'il en est ainsi, je vais me défendre. Le temps des mystifications est passé.

Tandis qu'il pensait tout cela, il s'était arrêté. Il oubliait que cette femme le regardait, et de quels yeux! avec quelle âme!

Le temps imperceptible de glaciale surprise qui changeait Armand en statue, lui seul ne sentit pas que c'était un siècle. Il s'approcha enfin et dit :

— Est-il possible!

Caliste lui tendit la main ; il saisit cette main amaigrie, et se courba dessus, honteux de n'avoir pas commencé par tomber à ses pieds.

C'est qu'il venait de regarder son visage et que toute pensée offensante s'évanouissait à l'aspect de cette pure et sincère expression de douleur, au sein d'une si auguste beauté.

Caliste était pâle, bien pâle. Elle lui dit que c'était de froid ; oui, de froid au cœur. Il jeta une brassée de bois au feu, au lieu de la réchauffer d'un baiser ou d'un sourire.

— Vous êtes donc bien surpris de me voir, dit-elle de cette voix noble et grave, dont le timbre réveilla aussitôt mille échos endormis dans l'âme d'Armand.

— Je l'avoue, dit-il.

Elle écarta sans effectation le manteau qui tomba de ses épaules à ses pieds. Armand la vit tout entière vêtue d'habits de deuil. Il frissonna.

— Oui, dit-elle, M. le prince Novratzin est mort ; je suis veuve.

Armand joignit les mains comme devant une apparition. Veuve ! Caliste était libre ! Elle accourait près de lui ; sa première pensée était pour lui, pour lui qui s'était tant hâté de jeter un nouvel obstacle entre leurs deux libertés !

Son silence cette fois ne fut plus du doute, ce ne fut plus du soupçon, mais de la honte et du remords.

— J'ai peu consulté les convenances, reprit Caliste qui suivait chaque nuance sur le visage d'Armand et s'en imprégnait le cœur comme un métal boit peu à peu l'acide mortel, je me suis hâtée d'accourir ici où je savais que vous viendriez; vous êtes un homme loyal et brave. J'arrive à temps, Dieu merci. J'ai eu bien des heures d'angoisse en route. Mais vous êtes sain et sauf. Vous ne demanderez plus rien au comte de Würgen; vous romprez toute explication avec lui: je n'en ai plus besoin, ajouta-t-elle avec une expression de stoïque désespoir qui remua Armand jusque dans ses entrailles.

— Non, dit-il, vous n'en avez plus besoin, puisque votre veuvage vous affranchit; mais il est à craindre que vos lettres et les miennes n'aient été remises à l'empereur; je viens d'avoir avec le comte un entretien des plus satisfaisants dans lequel il m'a avoué la vérité.

— La vérité, dit-elle, ah?

Armand observa l'ironie polie et froide de l'intonation.

— N'est-ce point la vérité? demand-t-il. Savez-vous quelque chose de plus positif?

— Oui, dit Caliste du même ton ferme et solennel.

— Et vous voulez bien m'en faire part?

— Assurément. Je suis venue pour deux raisons : d'abord pour ménager votre vie, ensuite pour vous dire tout.

Si forte qu'elle voulût être, Caliste se troubla; elle sentait le sang monter à sa gorge, elle l'excitait à brûler des larmes qu'elle tremblait de laisser paraître en ses yeux.

— Pardonnez, dit-elle en éloignant doucement Armand, qui se précipitait vers elle; je suis très-fatiguée, un peu nerveuse, pardonnez.

Son effort fut sublime : elle ne pleura pas.

— J'écoute ! s'écria-t-il. On dirait que vous allez m'annoncer quelque malheur.

— En effet, Armand, c'est un malheur très-grand dont j'ai à vous faire part; mais ce qui me donne beaucoup de force, c'est qu'il ne vous atteint pas. Sans cela, vous me verriez fort abattue.

Il voulut lui reprocher cette parole, mais il n'osa. Elle avait trop raison.

— Voici ce qui est arrivé, dit la princesse avec une voix calme et une héroïque simplicité. Trois jours après le départ de mon messager pour Constantinople, j'avais déjà bien des inquiétudes sur la santé du prince; les chirurgiens désespéraient de lui, je vous l'ai mandé. Sur la fin, dis-je, du troisième jour, je lisais un peu dans ma chambre en regardant parfois la mer. Tout à coup, je vis entrer chez moi le prince; lui qui depuis quinze jours ne pouvait quitter le lit! Il était effrayant de pâleur et de faiblesse; je courus à sa rencontre, il me repoussa et tomba dans un fauteuil. Sa main me tendait une lettre ouverte, une lettre de vous, Armand, une de celles que je redoutais, et qui était fort tendre, comme alors nous nous en écrivions.

La voix de Caliste baissa malgré elle sur ces mots. Un cercle bleu se dessina autour de ses paupières ; ses joues prirent le ton de l'opale, dont le reflet frissonnant glissa jusque sur ses lèvres.

XXIX

— Je sentis bien, reprit Caliste, ranimée par l'attention d'Armand, que les scélérats qui me faisaient porter ce coup par la main d'un moribond comptaient à la fois me perdre et le tuer. Car il avait semblé depuis notre réunion me témoigner une affection très-vive. Je compris donc leur perfidie, et, moitié pour les combattre, moitié pour adoucir la souffrance de ce malheureux, leur victime, je résolus contre toutes mes habitudes, de me défendre ou du moins d'y essayer. L'état nerveux du prince m'épouvantait au point que je craignais de le voir tomber à mes pieds.

Si misérables que pussent être les arguments de ma défense, je les regardais comme loyaux et sacrés, puisqu'ils m'aidaient à sauver les jours de mon mari, et m'acharnant à cette idée, j'en vins à espérer que je réussirais, tant je brûlais de réussir. Qui sait, me disais-je; ces lâches n'ont saisi qu'une lettre d'Armand, ils n'ont peut-être pas d'autre preuve. Idée stupide, idée de folle, mais, dans le vertige, on n'a pas le temps de la logique, et quand on roule dans l'abîme, on s'accroche où l'on peut. Défendons-nous, pensais-je, ne laissons pas mourir cet homme, que mon silence ou mon aveu achèveraient de foudroyer.

Alors je répondis je ne sais quoi, mais je répondis. C'étaient des raisons de femme, que dis-je? de fille entretenue qui veut se garder son protecteur. Pouvait-on m'imputer les folies de M. de Bierges? Était-ce ma faute s'il était amoureux de moi? Ce qu'il écrivait, le savais-je? Était-il en mon pouvoir de l'empêcher? Mille inepties triviales, débitées avec un sourire plus trivial encore. Hélas! jamais, en ma vie, pareil effort, violence plus sublime n'avaient torturé ma raison et mon cœur.

Le prince qui m'écoutait immobile et glacé, ne me fit pas même l'honneur de montrer sa colère. Mais il avait dans la main une autre lettre qu'il me fit voir, en riant avec mépris. Oh! ce rire m'accabla. La lettre était de moi à vous. Quatre grandes pages. Si l'on m'eût lu tout haut une seule des lignes qu'elle contenait, c'est moi qui fusse tombée morte.

Le prince chancelait; ses traits étaient décomposés; j'y lisais de nouveau la haine implacable et la haine dans la mort! Il se traîna vers son appartement. Je n'essayai pas même de lui offrir mon bras. Il rentra chez lui, s'appuyant de son unique main aux murailles et aux tentures. J'entendis refermer à double tour la serrure de sa chambre. Je restai seule, nul ne vint à moi jusqu'au milieu de la nuit.

Dans cette nuit terrible, un orage s'abattit sur la mer que j'entendais gronder. Je me souviens que, par ma fenêtre ouverte, la pluie entrait violente et lourde et m'inondait sur le tapis où j'étais restée agenouillée. Je suppliais Dieu à chaque éclair d'envoyer sur moi l'éclair qui devait suivre ; j'aspirais le feu des nuages ; il eût étouffé mon misérable cœur !

A ces bruits majestueux de l'ouragan, aux cris des matelots en détresse, aux courses sonores des cavaliers sur nos remparts, j'entendais sans les comprendre, se mêler d'autres bruits sinistres dans la maison. Les serviteurs du prince montaient et descendaient, je voyais sous ma porte luire et s'éteindre des feux. Un instant il me sembla distinguer un cri funèbre succédant à une psalmodie lugubre qui avait duré plusieurs minutes, et que, dans mon délire, j'avais prise pour la voix du prince dictant quelque chose d'un accent bas et monotone. Bientôt on heurta doucement à la porte, mes femmes, que j'avais renvoyées, entrèrent, je me levai éblouie par le flambeau qu'une d'entre elles apportait. Leurs visages défaits trahissaient une émotion de terreur. Je parvins à parler, je questionnai, on m'apprit que le prince venait d'expirer entre les bras du commandant de place son ami, et de la comtesse Gorthiany la mienne. L'attitude de mes femmes s'expliquait par la surprise où les plongeaient mon isolement et mon ignorance, alors qu'un événement de cette importance s'accomplissait dans ma maison.

Ainsi le prince était mort sans avoir voulu me voir, sans m'accorder son pardon, sans se demander s'il n'avait pas aussi besoin du mien. On l'avait séquestré, on m'avait éloignée. Cette amie, ce monstre, jetant le masque au dernier moment, avait activé la rage dans l'âme du mourant, elle en avait recueilli les dernières étincelles pour allumer l'incendie qui me dévorerait tout entière. Au lieu de la voix chrétienne qui console l'agonisant et le réconcilie avec ses inimitiés terrestres, mon mari n'avait pu entendre que mes accusateurs acharnés à glisser une malédiction dans son dernier soupir!

J'appris tout par le notaire qui avait rédigé, d'après ses ordres, sa suprême volonté. Le commandant de place, vieux soldat, dont mon malheur changeait la première indignation en compassion tendre, vint aussi me trouver et me raconta la scène lugubre en me plaignant d'avoir été chargée par tous et défendue par personne. Assurément, me dit-il, la fureur du prince était violente; mais avec de bons conseils une voix amie l'eût peut-être adouci. Il paraît que ces fatales lettres lui avaient été remises, le jour même, avec une intelligence qui faisait honneur aux assassins; car le prince sortait d'une attaque après laquelle le chirurgien nous avait recommandé à tous les plus grands égards pour son repos moral. Lui donner ces lettres à un pareil moment, c'était le tuer; ne pas m'avertir lorsqu'il se mourait, c'était confirmer en lui l'idée que je n'aspirais qu'à sa fin;

c'était répandre cette idée dans la maison ; et, de fait propagée par des âmes charitables, la nouvelle courut toute la ville que la princesse Novratzin avait déserté le lit de mort de son mari.

Le prince dicta son testament. Il m'ôtait, de sa fortune, au profit de ses parents, des pauvres et de la comtesse Gorthiany, tout ce qu'il pouvait aliéner, c'est-à-dire tout. Il chargeait l'exécuteur testamentaire d'envoyer à l'empereur les lettres de mon amant et les miennes, afin qu'il sût la conduite de la pupille favorite du czar Nicolas. Il terminait en déclarant qu'il ne regrettait pas la vie depuis la découverte de ma trahison. Certes, il n'eût pas été possible de m'accuser plus directement de sa mort.

Je cherchai la comtesse Gorthiany. Dieu m'entend, il sait que mon âme est pure, et ne s'est jamais souillée d'une pensée nuisible à quelqu'une des créatures faites à son image ; mais, n'est-ce pas ? celle-là ne pouvait compter parmi les femmes mes semblables. Je vous avouerai humblement que je l'eusse poignardée avant mon départ. Qu'il me pardonne aujourd'hui, ce Dieu tout de miséricorde, l'indigne pensée éclose en moi sans doute sous l'influence du souffle de ce démon ; qu'il soit béni de m'avoir épargné un crime ; la Gorthiany avait quitté la maison : elle n'osait affronter ma vue. J'ai la joie de n'avoir pas, en la touchant, descendu à son niveau. J'ai l'espoir que Dieu la frappera aussi cruellement qu'elle le mérite.

— Dans quoi peut-on la frapper ? murmura Armand serrant les poings avec une sombre fureur.

La princesse ne répondit pas à cette exclamation. Elle continua son récit comme on poursuit une pensée.

— Je devinai, dit-elle, qu'avant deux jours je serais l'exécration de la ville où j'avais été adorée comme une sainte. Je compris aussi, que, de la cour où la nouvelle de la mort du prince parviendrait vite, il m'arriverait quelque ordre terrible pour l'exil, pour la Sibérie, peut-être pis, le prince avait sans doute demandé qu'on me mît en jugement.

Armand frissonna de la tête aux pieds.

— Je pris la poste, acheva Caliste, à travers mille périls, avec mille ignominieuses précautions. J'étais encore assez maîtresse de ma raison pour me rappeler que vous recevriez ma lettre, que vous courriez où je vous priais de vous rendre. Je me souvins que vous aviez été assez bon avec moi pour me conserver une amitié capable de ce sacrifice, et je ne voulais pas qu'il vous arrivât malheur. C'est déjà trop d'avoir à se reprocher la mort d'un homme, fût-ce un ennemi. Ma volonté surmonta ma faiblesse, je franchis rapidement les distances et me voici. Pardonnez-moi le mal que je vous fais et celui que je vous ai fait déjà, désormais vous ne souffrirez plus rien à cause de moi.

Après cette conclusion, qu'un homme encore épris eût accueillie par un transport d'amour et des protestations éloquentes. Caliste s'enveloppa de son manteau, et, baissant la tête, se détourna vers le foyer sans regarder Armand debout, les bras croisés, pâle comme un spectre.

— Abominable perfidie ! murmura-t-il.

Elle se tut.

— Le mal est-il donc sans remède ? ajouta le jeune homme se parlant à lui-même, car il commençait à sonder la profondeur du gouffre où cette femme avait roulé.

Du fond de l'ombre projetée par sa mante sur son visage, Caliste l'observait toujours et il ne voyait pas ce dévorant regard jaillir de ces ténèbres. Il cherchait, il combinait ; il faisait d'incroyables efforts pour soulever et rejeter loin de lui l'avalanche qui venait d'écraser sa compagne et l'ensevelissait lui-même à moitié.

Les femmes sont toujours intelligentes dans l'amour ou dans la haine. Caliste, qui l'était, même dans l'indifférence, devina bien que cet homme souffrait autant pour lui que pour elle. Son orgueil s'éveilla encore une fois.

— Ne me regardez pas comme désespérée, se hata-t-elle de dire ; je me crois sauvée, au contraire. Il ne s'agit pour moi que de franchir la frontière de ce pays. J'ai dans ma voiture les débris de ma fortune, fort suffisants pour me faire vivre selon mes goûts et les nécessités de ma position. Je veux m'enterrer dans une province de France — ou de Belgique !

s'écria-t-elle vivement, après avoir intercepté la lueur du regard inquiet d'Armand. Oui, en Belgique, je serai mieux pour moi et pour tout le monde. Les idées religieuses me poursuivent, vous le comprenez, c'est l'antidote des remords ; à Anvers, à Bruges, à Malines, j'aurais de belles églises. Prier, prier encore, voilà l'unique joie de ma vie. Seulement, dit-elle tout à coup avec un rire nerveux qui fit peur au jeune homme, il s'agit de passer la frontière ; sinon, je pourrais être inquiétée, arrêtée, même.

— O mon Dieu ! est-il possible ! O mon Dieu ! murmura Armand en brisant l'une dans l'autre ses mains, qui se rougirent.

— Il est certain, dit-elle avec un noble courage, que je suis dans une situation difficile, mais je crois que le plus fort est fait. Le frère, le complice de Zika, ne me refusera point un sauf-conduit pour passer en Autriche. La frontière est à une lieue tout au plus, ne vous tourmentez pas pour moi, Armand, je me charge du reste. Allons, merci pour le service que vous avez voulu me rendre... Ma destinée a tourné, que voulez-vous ?... Ne vous embarrassez point dans le piége où je me suis prise. Dites-moi adieu ; je vais me procurer quelque masure pareille à celle-ci pour la nuit, et demain, soyez reparti pour la France, c'est-à-dire pour la jeunesse, pour la vie et la liberté...

Au ton qu'elle prit pour prononcer ces paroles, Armand, malgré l'engourdissement du coup qu'il avait reçu, ne put s'empêcher de sentir qu'il marchait sur un cœur tout palpitant ; il voulut parler, elle l'arrêta par un geste de tendresse maternelle.

— En voilà bien assez sur ce sujet, dit-elle. Vous avez voulu savoir, vous savez ; pourquoi attacher à ces ennuis plus d'importance qu'ils n'en méritent ? Séparons-nous ; il ne faut pas qu'on dise que nous avons passé ici plus de quelques moments ensemble. Croyez-vous que je sois gênée de trouver un gîte ? J'ai ma voiture, où je dormirai le temps d'avoir ce sauf-conduit, et des chevaux frais. Restez tranquille chez vous, Armand, et comptez sur moi pour faire les choses avec goût, et surtout pour ne pas vous compromettre.

Elle se leva en prononçant ces paroles. Armand, la voyant si tremblante, si faible, et pourtant prête à quitter le seul abri qu'elle eût au monde, fut pris d'une pitié douloureuse pour elle, et d'une honte plus poignante encore pour lui-même. Il lui sembla que leur destinée à l'un et à l'autre se révélait soudainement à ses yeux ; il entrevit dans cet éclair rapide de raison et d'honneur, l'inexorable fantôme de l'abnégation et du devoir. La terreur le saisit après la honte. Alors, flottant comme un atome entre ces deux courants si opposés, il sentit sa faiblesse ; un mot de plus, peut-être, il serait la cause d'un épouvantable malheur. Après tant de malheurs déjà accumulés, la mesure était comble.

Armand fut béni de Dieu. Son bon ange l'assista

en ce moment d'épreuves. Ce que bien des gens appellent inspiration, c'est le bon ange. Saisissant la main de la princesse, il la serra tendrement entre les siennes. Son agitation, sa fièvre, l'élan saccadé de ses mouvements surprirent Caliste elle-même, qui s'oublia jusqu'à lui serrer la main.

— Mon amie, dit-il, nous ne pouvons demeurer sous le même toit, voilà la vérité, mais vous ne pouvez quitter cette maison, vous qui souffrez et que la fatigue a brisée. Demeurez! je saurai trouver un gîte... Ne protestez pas, c'est inutile. Je vous défends de faire un pas, de prononcer une parole. Vous êtes chez vous; je vais m'occuper de vous.

A ces mots, accompagnés d'un bon regard qui traversa comme un rayon inespéré le cœur de la pauvre femme, il l'installa chez lui, donna ses ordres pour que rien ne la pût troubler, et pour trouver lui-même le repos d'esprit dont il avait besoin, pour se tremper dans un bain salutaire de pensées calmes, de résolutions prudentes, il chercha la solitude. Une forêt semée de grands lacs touchait à la ville; entre ces bois et sa maison s'étendait une vaste plaine de bruyères. Armand se laissa entraîner par la rêverie, il marcha, cherchant le vent pour rafraîchir son front. Il marcha jusqu'au soir, tournant autour de cette circonférence dont la maison était le centre. Et comme le mougik avait éclairé la chambre de Caliste, Armand vit de loin briller dans la nuit bleue cette lueur rougeâtre; il se tourna souvent de ce côté pour rappeler ses esprits en désordre, souvent ce feu paisible lui apparut comme l'étoile qui fixe les irrésolutions du naufragé dans la tempête.

Cruelle nuit! plus cruelle encore parce qu'il sentait battre, c'est-à-dire souffrir deux cœurs dans sa poitrine. Elle était donc là, cette femme naguère adorée, celle dont il devinait l'approche au trouble de tous ses sens, celle à qui, agenouillé, les mains jointes, il répétait : « Que n'es-tu libre, Caliste; pourquoi Dieu, qui t'avait faite pour moi, t'a-t-il à jamais séparée de moi! » Elle était là... cette petite lumière la représentait, âme triste et agitée par le vent des misères humaines!

Pour lui, par lui, Caliste était malheureuse; au milieu de toutes ses souffrances elle n'avait pensé qu'à lui, — elle s'était venue jeter dans ses bras, — et j' la repoussait... Il lui faisait l'aumône, à cette princesse, à cette reine de son cœur... O la honteuse charité! comment Caliste n'en était-elle pas déjà morte?

Quoi! proscrite, poursuivie, cette femme n'aurait pas même l'appui de l'homme à qui elle devait tous ses malheurs! Quoi! Dieu qui décide tout sur la terre, Dieu l'aurait faite libre, et Armand détournerait sa vue pour mépriser l'œuvre de Dieu! Quoi! Caliste était pauvre, pauvre à cause de l'amour d'Armand, Caliste vivrait gênée, cachée, et Armand triompherait au bras d'une femme aimée, brillante; il serait riche, il éblouirait, il croiserait son regard froid avec le regard effaré d'une femme à la royauté de qui rien ne manquait, sinon l'amour ! Armand, dans quelques semaines, jouirait de ses millions et l'estime publique l'acclamerait ! Caliste mourrait déshonorée, maudite ; elle mourrait... elle rendrait ce dernier service au lâche qui tremblait devant son malheur.

Armand se révolta contre lui-même. Il se rappela Lucienne. Elle l'aimait. Pourquoi ? Parce qu'il était beau et honnête homme, parce qu'en son œil pur se reflétait une vie irréprochable. Lucienne l'épouserait, mais elle le mépriserait ; elle soupçonnerait sa pureté. Quant à lui, pourquoi épousait-il Lucienne ? pourquoi acceptait-il son immense fortune ? C'est qu'il sentait que cet or bien gagné, nul ne le lui reprocherait ; c'est qu'il s'en trouvait digne par sa probité, par son désintéressement ; c'est, enfin, parce qu'il avait la conscience de ne pas chercher cette fortune et de la compenser d'ailleurs par une richesse d'âme égale à tous les trésors de la terre. Mais une fois Caliste abandonnée, perdue, ruinée ; une fois Caliste morte, que serait-ce qu'Armand de Bierges ? Un spoliateur, un adultère, un assassin !

La sueur de l'opprobre monta brûlante à son généreux front.

« Allons, se dit-il en relevant la tête, il est dans la vie des chemins tout frayés. A l'angle de ces chemins est écrit leur nom, et chacun de nous lit ce nom avec les yeux de sa conscience. Hier encore j'entrais, en épousant Lucienne, dans le chemin Amour, Bonheur. L'écriteau ne s'est pas retourné ; mais depuis que j'ai vu Caliste, je lis trois autres mots sur le poteau fatal : Ignominie ! Remords ! Crime !

» Un homme véritablement digne de ce nom n'hésite pas lorsqu'il a lu. Je mourrai de douleur, de rage, mais je n'épouserai pas Lucienne.

» Seulement, alors, j'aurai mal compris ma tâche et je déchirerai un cœur sans avoir la consolation d'en guérir un autre. Caliste ne me saura aucun gré d'avoir détruit l'existence de ma fiancée, si je ne reconstruis pas sa vie à elle. Et de quel droit aurais-je préservé mon honneur, si je ne sauve celui de la princesse ? Mon honneur est inséparable du sien. Viennent ici tous les casuistes, pas un ne me prouvera le contraire. Caliste est la seule femme que je puisse épouser. Je dois épouser Caliste.

» Le voilà ce chemin que je cherchais,—il s'appelle Honneur. C'est l'unique dans la vie qu'un homme n'ait pas le droit de ne point préférer à tous les autres.

» J'épouserai la princesse pauvre, désolée, abandonnée ; mon cœur n'est plus à elle, j'étoufferai mon cœur. Je souffre et j'en mourrai peut-être. Tant mieux, ma souffrance sera plus tôt terminée.

» Oh ! j'entends les voix douloureuses qui montent autour de moi et m'étourdissent pour m'empêcher d'entrer dans la bonne route. J'entends Lucienne éplorée, elle que j'adore. J'entends mon père, il me supplie. Allons, je cesserai d'estimer ceux qui ne m'approuveront pas, je cesserai de les aimer, comme n'étant pas dignes de moi.

» Caliste que je n'aime plus, je l'ai idolâtrée. Ce l'est pas sa faute si M. Novratzin est mort, si la Gorthiany est un monstre, si j'ai écrit des lettres qui sont tombées entre les mains de nos ennemis. D'ailleurs, une question : Si j'étais pauvre, humilié, perdu, Caliste riche, brillante et reine, m'épouserait-elle ? Ou ! Voilà qui est décidé, je suis à Caliste. Eh bien ! mourir de chagrin, c'est une noble mort ! »

Deux larmes roulèrent en ce moment des yeux d'Armand, elles emportèrent en tombant les dernières hésitations de son cœur, elles lavèrent la honte de cette hésitation même.

Mais quand son projet fut arrêté, alors que dans son âme vaillante la volonté se fut écrite en airain,

« Soit, dit-il, mais je puis bien me venger de ceux qui me font tant souffrir.

» Oh ! certes je me vengerai. Il ne sera pas dit que Zika rira de moi, que ce grand Russe fin et sournois, que ce colossal Cosaque se moquera du Parisien dont ses intrigues et ses turpitudes ont bouleversé la vie. Si je partais comme cela, moi qui lui ai déclaré que j'aimais une autre femme, et que j'étais prêt de me marier, si je quittais ainsi mon démon, mon traître, sur une poignée de main, ce Frédéric de Würgen qui sait d'ailleurs l'arrivée de Caliste, me prendrait pour un sot et un poltron. Il rirait avec sa sœur jumelle… Oh! voilà qui est impossible. Cela ne peut pas s'arranger. »

Armand respira longuement, avidement, à l'idée d'une prompte vengeance.

« Il me tuera peut-être, pensa-t-il, eh bien, tant mieux, c'est pour une belle cause ; mais si je le tue… Oh !… si je le tue, je n'ai plus rien à regretter. »

Il combina tout son plan, s'étonna de se trouver si soulagé depuis que la décision avait remplacé l'incertitude. Le jour commençait à poindre, il se dirigea vers la maison.

XXX

Armand trouva le moujik surveillant déjà les apprêts du départ de Caliste. Celle-ci, disait-il, dormait encore, et le serf affectait de marcher sans bruit et de parler bas pour ne pas la réveiller.

Dupe ou non de ce sommeil d'une femme qu'il savait bien vigilante, M. de Bierges recommanda au bonhomme de dire la même chose de lui à la princesse.

— Persuade-lui bien, dit-il, que tu m'as conduit à un logement dans la ville, et que je dois revenir ici de bon matin pour rendre ma visite.

— C'est ce que j'ai déjà dit, répliqua le mougik.

Armand regarda le sourire bon et l'œil fin de cet esclave ; il suivit derrière son masque impénétrable le travail si intelligent de ses pensées ; en même temps, il se demandait pourquoi ces hommes restent atrophiés dans la servitude et la barbarie, eux, véritablement hommes et auxquels les philanthropes s'intéressent médiocrement en comparaison des nègres.

Il partit sans lui avoir recommandé rien, puisqu'il devinait tout.

Le soleil bordait l'horizon d'une frange sanglante. Un long nuage violet, pareil à un serpent gigantesque, rampait sur les montagnes voisines. Le poisson sautait après la mouche de l'aube, au-dessus des marnières. L'oiseau joyeux pépitait sur les branches des chênes verts, une douce brise balsamique ridait l'eau, et rasait la corolle embaumée des fleurs.

C'était une de ces aurores qui attachent l'homme à la vie et le consolent de tout ce qu'il y rencontre de misérable et de douloureux. Une de celles-là que l'homme vertueux aime toujours à voir se lever, comme dit le mélodrame. Phrase grotesque sous laquelle s'est travestie une belle pensée, une pensée vraie surtout.

Armand voyait s'éclairer les objets à mesure qu'il avançait vers la ville. Tout ses sacrifices étaient résolus, même celui de sa vie. Il était content de lui ; il aimait l'aurore, ce jour-là.

Le tambour roulant par les rues du quartier, la fanfare des clairons saluant le jour, des chevaux hennissant comme le cheval de Darius, l'air grave des soldats russes qui rient bien peu, et ne causent pas entre eux, même hors du service, cette bordure de pourpre au manteau du soleil, tout cela donnait aux yeux d'Armand une étrange solennité à ce jour, son dernier, peut-être.

Il n'était plus qu'à une demi-portée de fusil de la maison du commandant lorsqu'il vit celui-ci sortir en uniforme et s'approcher d'un cheval qu'on lui amenait. Où allait-il ? Comment, s'il s'égarait une fois, le rattraper ? Comment, perdre cette précieuse matinée dans laquelle se décideraient la destinée de Caliste et la sienne ? Armand, subitement envahi par ces perplexités, se préparait à courir et à crier pour arrêter le commandant, lorsqu'il vit M. de Würgen tourner bride et se diriger de son côté.

Bientôt après, le commandant arrêtait son cheval devant lui.

— Quoi! demanda-t-il, vous, monsieur de Bierges?

— J'allais vous voir, monsieur le comte.

— Je vous avais promis ma visite, monsieur.

— Permettez que je vous demande ici, ou chez vous, un moment d'audience ?

— Très-volontiers. Cette allée de sycomores vous convient-elle ?

— Toute réflexion faite, je préfère aller chez vous.

Würgen mit pied à terre, passa la bride de son

cheval à l'un de ses bras, et retourna côte à côte avec Armand.

— Monsieur le comte, dit celui-ci en s'efforçant de dompter au début de l'entretien l'ardeur de son sang qui devait l'entraîner trop tôt et trop loin, vous m'avez reçu si gracieusement hier que cela m'a encouragé à revenir aujourd'hui.

— A merveille, usez, usez, dit l'officier. Quel est donc cet homme là, qui marche sur nos talons.

Armand aperçut derrière lui le mougik ruisselant de sueur qui marchait d'un pas tranquille en admirant le paysage.

— C'est, dit-il, mon valet, mon interprète.

Et il se demanda pourquoi le mougik l'avait suivi. — Par l'ordre de Caliste, sans doute. — Il se préparait à le renvoyer.

— Mais non, pensa-t-il. Caliste et lui ont été tous deux plus prévoyants que moi. Il est certain que cet homme peut m'être fort utile tout à l'heure.

Le commandant n'avait plus rien ajouté. Il marchait vers sa maison, et inspectait, chemin faisant, les soldats qui, à sa vue, se cambraient comme des poteaux et rougissaient comme des filles.

Une fois dans la petite salle où ils s'étaient déjà vus la veille, Frédéric sembla dire à son hôte : Je vous attends.

— Voici mon exorde, répliqua Armand. Mme la princesse Novratzin est arrivée hier.

— Je le sais, dit M. de Würgen sans sourciller.

— Vous savez alors qu'elle a besoin d'un sauf-conduit pour franchir la frontière, ajouta Armand. Je viens vous le demander pour elle.

Soit qu'il mît dans sa parole un peu de véhémence soit qu'une conscience troublée se montre toujours un peu pointilleuse, le comte leva soudain la tête pour examiner l'œil d'Armand. Il ne répondit point.

— Ne me faites pas attendre ce que je vous demande, poursuivit Armand, se méprenant au sens de cette immobilité, car alors...

— Quoi? demanda le comte.

— Alors, dit le jeune homme, je vous ferais sauter la cervelle.

Et il montra au comte un pistolet qu'il tenait dans sa poche droite.

— Vous n'êtes guère poli, pour un Parisien, articula lentement et avec ironie le commandant, dont le visage ne trahit aucune surprise.

— Je n'ai pas de raison de l'être, répondit Armand.

— Vous pourriez du moins être prudent, et ne pas compromettre le succès de votre démarche, riposta l'officier continuant de sourire; car, en admettant que je vous refuse, vous n'aurez pas ce sauf-conduit, et M#me la princesse Novratzin ne passera pas en Autriche. Si vous me tuez, comme vous dites, je ne signerai pas non plus, et l'on vous étranglera. Vous serez bien avancé !

Armand rougit de honte.

— C'est, dit-il, que je me suis laissé entraîner par

l'indignation. Vous ne vous retiendriez pas plus que moi, monsieur, si vous étiez à ma place.

— Vous vous trompez. Un homme doit toujours être maître de lui. Prenez exemple sur moi, et frémissez en songeant à la sottise que vous alliez faire. Tenez !

Il allongea la main et montra sur sa table au malheureux Armand une dépêche que celui-ci interrogea vainement du regard : elle était écrite en langue russe.

— Voici, dit Frédéric de Würgen, un ordre en bonne forme d'arrêter Mme la princesse et de l'envoyer par la poste à Pétersbourg.

Armand tressaillit.

— Voici dans ma poche un sauf-conduit que je portais moi-même à la princesse quand vous m'avez rencontré, continua Frédéric en déboutonnant son frac d'ordonnance pour en tirer l'ordre ainsi conçu : « Laisser passer la femme porteur du présent. »

En achevant, l'officier donna le sauf-conduit à son adversaire, qui le dévorait des yeux.

— Vite, ajouta-t-il, qu'elle ne perde pas une minute.

Armand saisit le papier, le remit au mougik debout dans le vestibule, lui expliqua en deux mots le péril.

— Dans une heure, dit-il à voix basse, il faut que la princesse m'attende de l'autre côté de la frontière.

— Oui, maître.

Et le serf, illuminé par la joie de cette révélation,

baisa les mains d'Armand et disparut, courant comme un chien fou qui part pour la chasse.

Frédéric de Würgen vit rentrer Armand sans lui adresser la parole.

— Je me demande, dit tout à coup le Français, comment, entre vos actes et vos sentiments je trouve une dissonance si étrange?

— C'est, répliqua M. de Würgen, comme si vous me demandiez pourquoi l'ordre salutaire que je viens de vous remettre est écrit dans une langue si rude. Vous ne comprenez pas, voilà tout.

— Je croyais comprendre votre conduite à l'égard de la princesse Novratzin.

— Pas le moins du monde.

— Vous l'avez trahie indignement, je sais tout, et hier, vous m'avez entassé mensonges sur mensonges.

Würgen haussa les épaules.

— Je ne serais pas digne de porter le nom d'homme, reprit Armand, si je me taisais. Sans doute, vous avez votre motif pour faire de la générosité aujourd'hui, comme vous l'avez eu pour commettre l'action la plus noire...

— Ne parlez donc jamais sans connaître le fond des choses, interrompit froidement Würgen. Je vous répète qu'il y a dans cette affaire mille complications que vous ne soupçonnez pas.

— Mais dont je suis victime, s'écria Armand.

— Que voulez-vous? dit l'officier avec flegme.

Cet apparent persiflage exaspéra Armand.

— Prenez garde, dit-il, monsieur le comte. En me remettant le passe-port de Mme Novratzin, vous ne vous êtes pas acquitté envers elle.

— Qu'est-ce à dire?

— Je suis venu pour vous reprocher de sa part l'infâme trahison sous laquelle cette malheureuse femme a succombé, — la trahison de votre sœur.

— Ne parlons pas de ma sœur, répliqua en s'animant un peu M. de Würgen.

— Ai-je donc trouvé votre endroit vulnérable, dit tout à coup Armand.

— Je l'avoue.

— Malheureusement, je ne saurais vous ménager à cet endroit-là.

— Vous auriez tort; vous n'y gagnerez rien, et vous pourrez y perdre.

— Mme la comtesse Gorthiany a commis un crime que ne châtieraient pas assez vos plus cruels bourreaux.

— Vous n'êtes pas un bourreau, je suppose, dit Würgen avec ironie.

— Au besoin, répondit Armand.

Le comte se tut. Il se recueillit. Il lisait sur le visage d'Armand toutes les souffrances, toute la résolution qu'y avait déposées chaque minute de cette nuit d'agonie.

— Vous venez donc me provoquer, dit-il enfin. Tant pis; j'avais auguré autrement de votre caractère. J'espérais que vous étiez mieux trempé. Mais ces Parisiens sont tous de même. Ils se montent la tête et deviennent fous à chaque sentiment qui les passionne. Voyons : que ma sœur ait réglé avec la princesse d'anciens comptes et terminé une affaire de famille que vous importe au fond ? Ce sont des démêlés de femme, — bascule qui porte tantôt celle-ci tantôt celle-là au sommet. — Ne vous mêlez point de ces misères.

— Mais, s'écria Armand, ces misères-là m'ont perdu ma vie. Elles me font rompre une alliance — ma joie, — et m'en imposent une autre — mon désespoir. D'ailleurs, je vous le répète, votre conduite n'a pas été d'un honnête homme, et rien au monde ne m'empêchera de vous le dire. De votre côté, le supporterez-vous après l'avoir entendu ?

L'officier caressa une de ses moustaches.

— Oh ! dit-il, je suis assez brave, et j'ai assez fait mes preuves pour ne pas répondre au besoin. Si vous n'étiez pas un Français, je vous tournerais le dos et vous laisserais vous accommoder avec quelque autre du superflu de sang qui vous gêne. Mais vous êtes Français, voilà l'inconvénient.

Armand s'arrêta saisi de stupeur à l'aspect de ce caractère que les poëtes de sa patrie ne lui avaient pas encore dessiné.

— Cependant, reprit le Russe, je pourrais me dire que si vous êtes Français, vous êtes en même temps avocat, tandis que je suis militaire, et que le point d'honneur ne m'oblige pas aussi impérieusement que si vous portiez une épée comme moi.

— Oh! quant à cela, dit Armand, rassurez-vous: si je ne la porte pas, je m'en sers.

— Vrai? s'écria Würgen. Mais qu'importe encore. La question n'est pas là. Tenez, il me passe une singulière idée par la cervelle. Je vous prendrais les deux poignets, je crierais à la garde. On viendrait, je vous ferais arrêter et conduire au fort, car enfin vous me mettez dans une position insupportable. Je pars aujourd'hui pour la Crimée, tout mon avenir dépend de ce départ. Je ne puis me battre avec vous. Ne pouvons-nous remettre l'affaire, hein?

Armand fit un geste de colère.

— Non réellement, je ne me batterai pas, continua l'officier, car pour éviter d'être blessé, de recevoir quelque coup maladroit qui m'empêcherait de partir, je serais forcé de vous blesser moi-même; cela répugne à ma conscience, bien que vous m'accusiez de n'en pas avoir.

— Ah çà, répliqua M. de Bierges en fronçant le sourcil, est-ce que vous vous abuseriez sur ma qualité de Parisien au point de me croire patient comme vos mougiks; tâchez donc de me comprendre, c'est extrêmement clair. Vous m'avez brisé une vie qui s'annonçait radieuse et douce. Je n'ai au cœur que fiel et rage contre votre sœur et contre vous. Votre générosité de tout à l'heure était le piége dans lequel vous espériez encore me prendre. Une fois la princesse libre, disiez-vous, ce Parisien ne pourra plus se fâcher envers moi son libérateur, il me saluera et me donnera quittance. Non ! je ne suis pas dupe. Votre sauf-conduit éloigne la princesse de Saint-Pétersbourg, où sans doute elle eût réussi à se justifier en perdant votre sœur, qui est une coquine comme vous un fanfaron.

— Là ! assez, dit froidement Würgen en arrêtant Armand d'un geste poli. Est-ce à l'épée que vous vous battez ?

— Oui, ou au sabre ; vous êtes officier vous devez préférer le sabre.

Würgen détacha deux épées de la muraille.

— Attelle, cria-t-il à son soldat de planton.

Et comme Armand le regardait surpris :

— Oui, dit-il, si vous vous battiez ici, en Russie, on vous arrêterait, on vous enfermerait quelque part, on vous ferait mille tracasseries. Ce n'est pas comme chez vous, où la loi défend le duel, et où l'on se bat sous les réverbères...

— Au théâtre, dit Armand.

— Chez nous, la loi ne défend rien, mais les duels sont sérieusement punis. Voulez-vous, je vous prie, que nous montions en voiture ?

— Où allons-nous ?

— A la frontière. C'est à une grosse lieue. Nous aurons fini dans une heure, aller et retour.

Armand monta. L'officier s'assit près de lui, les épées roulées dans un manteau.

— Vous avez l'habitude des témoins, dit-il à Armand, en voulez-vous ?

— Mais...

— C'est qu'il faudrait que je m'adressasse à mes officiers, cela me gênerait beaucoup. Y tenez-vous absolument?

— Nous aurons le cocher, dit Armand du même ton de courtoise indolence.

— Et les chevaux, alors, trois bêtes pareilles, ajouta le comte.

La voiture roula.

XXXI

C'était bien à n'y plus revenir. Armand touchait au dénoûment tant souhaité.

Le comte adressa de sa place quelques mots russes au cocher, qui, sur cet ordre, tout cheval qu'il était, tourna la voiture vers la droite, et changea de chemin.

— Quelque trahison de ce drôle, pensa Armand. Et, comme il le pensait, il demanda au comte l'explication de ce changement d'itinéraire.

— Je demandais au cocher, dit Würgen, s'il ne trouvait pas la trace d'une voiture récemment passée. Il vient de trouver cette trace ; nous la suivons.

— De quelle voiture, monsieur?

— Mais de celle qui vous intéresse, de celle de Mme Novratzin. Tenez, voyez-vous, le sillon de ses roues ? »

— Comment supposez-vous...

— Qu'elle soit déjà partie ? Ce n'est pas difficile à deviner. Ce doit être la première recommandation que vous lui aurez fait faire par le mougik, en lui envoyant le passe-port. Et vous avez agi en homme d'esprit. Soyez tranquille, elle est déjà en sûreté.

Les chevaux avançaient. La route devint tout à coup droite comme une flèche. Armand aperçut à cinq cents mètres en avant une voiture; celle de Caliste, apparemment. Le comte la lui montra silencieusement du doigt.

Cette voiture s'arrêta au poste d'observation de la limite. Elle y fit un séjour de quelques minutes, puis traversa de l'autre côté.

Würgen arrivé à ce poste se fit reconnaître. Il passa à son tour. Immédiatement après la frontière, commençait un grand bois de sapins coupé par la route de ***. La voiture de Caliste s'était arrêtée dans ce bois. Würgen fit arrêter la sienne et descendit avec Armand.

— J'ai voulu vous bien prouver, dit le comte, que j'agis tout comme un autre, quand les occasions sont bonnes. Tenez, en face de vous, voilà là-bas, votre amie la princesse, libre comme vous le désiriez. Nous pouvons encore nous entendre. De tout ce que vous m'avez dit de dur, un seul mot m'a blessé, il s'appliquait à ma sœur, l'unique créature qui m'intéresse en ce monde, moi excepté. Otez le mot et quittons-nous.

— Impossible, dit Armand en saluant avec une sorte de respect pour cet homme étrange.

Würgen développa tranquillement les épées. Son cocher le voyait faire non moins tranquillement. L'esclave dont on ménage mal la peau ne prend pas grand souci de la peau de son maître.

— Nous sommes sur un terrain de sable, le pied sera mauvais, dit Armand.

— Bah! rompez-vous? demanda le Russe avec un sourire.

— Non, mais je me fends, répliqua Armand irrité.

— Allons! allons! êtes-vous susceptible! dit M. de Würgen. Çà, un dernier mot.

Ils s'étaient placés à l'écart convenablement.

— Vous savez que je veux à tout prix partir ce soir pour la Crimée; ma fortune, mes épaulettes de général en dépendent. Ne vous étonnez pas si je vous ménage moins que je n'aurais voulu.

— Merci, monsieur, dit Armand, et ne vous avisez pas de me ménager du tout, sans quoi vous ne partirez pas en Crimée, je vous en préviens d'avance. Mais, en vérité, nous avons l'air de Taille-bras et de Casse-poitrine épouvantés l'un de l'autre. Commençons.

— Oui, dit le comte, car je vois là-bas quelque chose de blanc qui vient sur la route. Et je jurerais que c'est Mme Novratzin qui envoie quelque femme de chambre s'informer de vous.

— Elle n'a point de femmes avec elle, dit Armand inquiet.

— Alors c'est elle-même ! dépêchons-nous, s'écria le comte de Würgen.

Armand soudain engagea le fer.

XXXII

Aux premiers froissements de l'épée, à cette nerveuse inquiétude de la main qui cherche sa ligne et tâte son ennemi, Würgen sentit qu'il avait devant lui un homme redoutable. Il voulut éprouver la vitesse d'Armand en lui faisant une attaque sur laquelle notre Parisien riposta si rudement que Würgen fut forcé de rompre pour parer.

— Oh ! dit-il, vous tirez bien.

— Très-bien, répliqua Armand ; faites de votre mieux.

Une seconde attaque du comte n'eut pas plus de succès. Armand para en se jouant et riposta encore ; sa pointe enleva un chiffon de la chemise du comte.

— J'ai peur de ne pas aller en Crimée, dit alors

Würgen sans pâlir, mais en se ramassant, bien résolu à ne plus attaquer.

— Non, vous n'irez pas, dit M. de Bierges. Vous serez puni. Votre crime vient de l'ambition. C'est par elle que vous tomberez. Vous, personnellement, je commence à vous plaindre, car vous n'êtes pas gangrené tout à fait. Mais votre sœur est indigne de miséricorde, il me faut la frapper cruellement. Allons, défendez-vous bien, car je vais tirer à fond sur vous, et vous ne pourrez point parer.

Würgen, en effet, sentait se loger l'épée de son ennemi ; il en avait apprécié la vitesse ; son infériorité, à lui, était constante : la première feinte d'Armand trouverait le chemin de son cœur.

Armand ne la fit pas attendre. Il choisit le moment où Frédéric se décidait à tirer pour inquiéter un ennemi trop menaçant, et, tirant lui-même à fond dans l'épée du comte, il le prévint, passa et le renversa d'un coup terrible dans les côtes.

Würgen lâcha son épée, pâlit affreusement, et ayant recommandé à Armand de partir sans perdre une minute :

— Faites-moi porter au poste autrichien, ajouta-t-il, si vous n'avez pas l'intention de m'achever.

Armand s'était précipité vers lui, l'avait relevé, le portait dans sa voiture, où il voulait prendre place à ses côtés.

— Diable ! diable ! pas de générosité, dit le comte en s'affaiblissant par degrés. Au poste, moi mort, on serait capable de vous retenir, ne fût-ce que pour faire un peu la cour à notre empereur. Et puis, voilà Mme Novratzin qui approche. Adieu... Épargnez-moi de mourir devant elle.

En disant ces mots il s'évanouit.

Armand regarda autour de lui. Ce que disait Würgen était trop vrai. Le cocher avait couru au poste où l'on voyait s'agiter les soldats. Sous ses pieds, du sang qui coulait; derrière lui, les cris de la princesse qui, cherchant à distinguer les combattants sous les arbres, appelait Armand dans d'horribles angoisses, avec un râle de désespoir.

Il perdit la tête.

Caliste l'avait aperçu enfin et le saisissait avec la force d'une lionne. Elle l'entraîna, il se laissa faire. Leur voiture, rapprochée par l'intelligent mougik, était ouverte, Caliste y poussa son défenseur, s'y précipita elle-même; les chevaux, fouettés avec rage, se plongèrent en hennissant dans la pente qui gagnait la vallée.

En peu de minutes le passé fut bien loin.

Lorsque Armand reprit sa raison, il vit Caliste immobile et pleurant à chaudes larmes, dans l'angle qu'elle occupait.

Il soupira.

— C'était moi qu'il fallait tuer, murmura-t-elle avec un accent profond, qui fut plus sensible et plus froid au cœur d'Armand que n'avait été son épée à la chair de M. de Würgen.

Il sentit qu'il était temps, bien temps de rendre la vie à cette femme. Les yeux abattus, le teint plombé par l'insomnie et marbré de sillons brûlants, la main ardente de Caliste, lui révélaient un état de fièvre à la suite duquel une crise mortelle pouvait terrasser ce corps, jusque-là soutenu par les ordres de l'âme.

C'était l'heure du sacrifice, enfin. Adieu aux rêves, adieu à l'amour, adieu au bonheur. Armand franchissait la première borne de son devoir. Sa pensée courut une fois encore au-devant de Lucienne, dont l'image toujours présente l'avait animé dans le combat, lui avait donné la vigueur, la victoire. Il envoya le suprême baiser du souvenir à cette femme aimée, qu'il ne reverrait plus, et alors, frappé lui-même, alors, déchiré par la douleur qu'il n'avait pas soupçonnée si poignante, il leva les yeux au ciel et joignit les mains avec désespoir.

— Oh! s'écria Caliste déchirée de regrets, folle, et se frappant la tête aux parois de la voiture, oh! sois généreux, Armand, Armand, laisse-moi mourir!

Comme l'eau glacée jetée sur le front d'un blessé réveille tout à coup en lui la sensibilité, la mémoire, cette exclamation de la malheureuse Caliste rappela chez Armand le sentiment de l'honneur, le courage, et le rendit égal aux exigences de la situation.

Elle l'avait donc deviné encore une fois. Elle lisait donc dans son âme. Elle mourrait donc s'il ne la persuadait pas qu'elle était aimée.

— Caliste, dit-il en lui prenant la main, voilà deux fois que vous parlez de mourir. Pourquoi?

Elle cacha son visage entre ses mains et se tordit dans les étreintes d'une insupportable douleur.

— Vous ne m'aimez donc plus ? ajouta-t-il avec sa voix douce et mélancolique,

Caliste l'enveloppa d'un ineffable coup d'œil de surprise et de tendresse.

— Sans doute, continua Armand, il n'y a de réels malheurs en cette vie que lorsqu'on n'aime plus. Depuis hier, vous m'avez poussé cent fois au désespoir en me montrant le fond de votre âme. Ce regret de votre mari, cette préoccupation de vos infortunes, ces froids projets de retraite, cette constante affectation de ne me pas rappeler le passé, d'éteindre pour moi votre avenir, tout cela m'a, comme je vous le dis, prouvé que vous ne m'aimez plus.

— Moi! s'écria-t-elle en frappant furieusement son cœur.

— Si vous m'aimiez, Caliste, vous m'eussiez souri hier en remerciant Dieu qui nous rendait l'un à l'autre ; vous m'eussiez tendu la main aujourd'hui en le remerciant de m'avoir conservé à vous.

— Armand!

— Vous ne m'aimez plus! reprit-il en baissant la tête.

— C'est toi qui ne m'aimes plus, et qui m'as tuée en ne te jetant pas hier dans mes bras. Oh! ce baiser eût effacé toutes mes souffrances ! c'est toi qui ne m'aimes plus et qui n'as que de la pitié pour moi !

—Ainsi, répondit Armand, vous n'avez pas même compris ma délicatesse ; vous ne me comprenez plus, Caliste. Parle-t-on d'amour à la femme qui vous montre son deuil ? Témoigne-t-on de la tendresse à qui ne parle que mort, ruine, piété, retraite éternelle, à qui vous blesse continuellement par le reproche de ses remords?

— Je t'ai blessé !... s'écria-t-elle en joignant les mains. Oh! ton regard ne me l'a pas dit. Armand, s'il m'eût avertie, ce regard, je tombais à tes pieds.

Il lui tendit les bras.

— Je vous aime et vous aimerai toute ma vie, Caliste, dit-il d'une voix tremblante. Car toute ma vie est à vous. Encouragez-moi à vous l'offrir en expiation des maux que je vous ai causés.

—Tu m'offres... ta vie... murmura la princesse, devenue livide ; car l'espoir, après une pareille tempête, peut être aussi funeste que l'extrême douleur.

—N'êtes-vous pas ma femme ! dit-il.

— Oh ! Armand !... oh ! est-ce vrai ?... Sa femme... il dit que je serai sa femme!...

Et Caliste, se roidissant dans un suprême effort, pour détendre ses bras et atteindre au cou d'Armand, s'affaissa soudain, pencha la tête et tomba sans connaissance sur sa poitrine.

Il la serra tendrement, la fit revenir sous ses baisers, pria Dieu de lui continuer ce courage, et d'envoyer à la pauvre femme la conviction qu'elle était aimée. Caliste rouvrit les yeux, et lut ces bonnes pensées dans le regard de son ami.

— Eh bien ! dit-elle, je vivrai, puisque tu l'ordonnes, je vivrai, puisque tu m'aimes. Sois tranquille, je ne t'eusse jamais embarrassé, je ne t'embarrasserai jamais. Mon parti était bien pris de mourir. Ce courage ne me manquera pas plus tard, si tu viens à ne plus m'aimer.

XXXIII

Ce fut ainsi que se dénoua le drame. Les explications plus calmes d'Armand achevèrent de rendre la paix au cœur soupçonneux de la princesse. Elle ne montra pas une inquiétude, une défiance, une ombre qu'il ne détruisît en elle avec adresse, avec chaleur. Il voulait savoir surtout si elle avait soupçonné son infidélité. Le retour si complet d'une femme si fière lui prouva qu'elle ne savait rien. Il souffrit sans doute beaucoup de mentir ainsi; mais avec Caliste, en présence d'une telle situation, le plus hardi mensonge devenait l'œuvre la plus loyale. Caliste, rendue à elle-même, reprenait peu à peu toute sa lucidité, elle interprétait, elle commentait, elle demandait mille comptes embarrassants; mais que de silences n'obtient-on pas en fermant des lèvres par un baiser?

La princesse voulait à toute force gagner la France : ce pays vaillant, disait-elle, ce pays adoré, le pays de son Armand, sa patrie à elle ; car elle reniait la terre des Würgen, des Gorthiany. Armand l'admira dans son héroïque apostasie, mais il ne l'encouragea point dans ses projets de voyage à Paris. On ne mène pas promener en Grève le condamné miraculeusement sauvé sur l'échafaud.

— Non, dit Armand, n'allez pas en France ; ce n'est point votre place. Laissez s'achever la guerre ; laissez surtout s'éteindre les premiers bruits qui vont sourdre autour de votre veuvage. Vous n'êtes qu'une fugitive, ma chère Caliste, une contumace, et la société est impitoyable. Ne reparaissons à Paris que mariés.

— Me quitterez-vous donc! s'écria-t-elle. Car il est impossible que vous demeuriez dix mois encore loin de votre père.

— Mon père... murmura Armand.

— Je vous comprends. Il ne m'aime pas.

— Peut-être avait-il quelque idée dans laquelle vous ne figuriez pas ; puisque vous n'étiez pas libre n'est-ce pas naturel ?

— Oui, oui, dit Caliste, mais croyez-vous qu'il revienne de cette prévention ?

— Chère femme, interrompit Armand un peu troublé par les nuages que soulevait ce souvenir orageux, de Paris, voulez-vous me permettre de diriger momentanément votre existence? J'agirai pour le mieux. Songez que l'affaire d'Odessa fera un bruit énorme, et que ce bruit arrivera chez Mᵐᵉ Chaudray à la première occasion. Songez que l'affaire de ce matin ne causera pas moins de scandale, et que ce pauvre comte de Würgen est peut-être mort. En conscience, si je ne suis pas là pour plaider notre double cause avec habileté, nous recevrons un échec qui nous fera succomber dans l'avenir. Mon père lui-même aura du mal à me croire. Nos amis seront sévères comme tous les amis. Vous me direz que nous nous passerons du monde, que nous sommes indépendants et riches.

— Je t'ai dit que j'étais ruinée, dit Caliste, et tu te trouves riche? C'est bien, tu es délicat et bon.

Elle lui pressa la main, une larme tomba de ses yeux. Cette politesse gracieuse d'Armand lui fit croire qu'elle était encore un trésor pour lui.

— Ne t'effraye pas tout à fait, reprit-elle, et ne me crois pas absolument mendiante. Mes diamants valent plus de cent mille francs pour un juif, et j'ai trois cent mille francs dans vos chemins de fer.

— Je ne vous apporterai pas cela en mariage, dit Armand. Vous voyez bien que vous m'êtes supérieure sous tous les rapports. Oui, nous serons parfaitement heureux, si vous êtes de force à vous passer du monde jusqu'à ce qu'il vous rappelle. Laissez, dis-je, travailler nos amis.

— Mais enfin, vous préviendrez bien votre père…

— Sur-le-champ? Non. Il faut que j'adopte dès à présent une fable vraisemblable, et comme la vérité peut se faire jour d'un instant à l'autre, il faut que je prépare l'apparition de cette vérité. Je me suis battu sur la frontière d'Autriche. On le saura. J'ai tué, ou peu s'en faut, M. de Würgen. On l'apprendra. Si je le taisais, on s'en étonnerait trop plus tard. Je vais donc écrire à mon père ceci ou à peu près :

« Cher père, je t'avais bien un peu trompé. Ce n'est pas précisément pour voir l'ambassadeur et pour obtenir son apostille que j'étais parti. Certaine vieille affaire avec un monsieur russe — certaine rancune que je te conterai en te nommant le masque, m'a forcé d'entreprendre ce petit voyage qui heureusement tourne en voyage d'agrément. J'ai blessé grièvement mon homme. Je suis sauf, sans une égratignure, comme tu peux t'en convaincre au paraphe triomphant qui va se pavaner au bas de ma lettre. Laisse doucement nos amis répandre cette nouvelle qui leur arriverait peut-être gâtée par d'autres que par toi. Pour toi, cher père, envoie-moi un peu d'argent, à... —Je désignerai un banquier quelconque.—Envoie-moi surtout deux bonnes poignées de main, et attends-toi à me voir tomber boulevard de la Madeleine aussitôt que le terrain déblayé me permettra de passer d'Autriche en France. Entre nous, et bien bas, je me cache, car les duels ne sont pas encouragés ici. »

Voilà, bonne Caliste, tout ce que je veux dire d'abord. Approuvez-vous la rédaction? Nous sommes en communauté maintenant, et je dois obéissance à ma femme.

— Armand, dit la princesse, abaissant avec mélancolie ses longs cils noirs sur ses joues de nacre, n'est-ce pas là un ingénieux moyen de m'annoncer que votre père et nos amis vous défendraient de m'épouser? Vous savez qu'à Paris il y a des messieurs qui prétendent qu'un homme se déshonore en épousant sa maîtresse... J'ai vu jouer une pièce qui disait cela.

— Une bonne pièce n'eût pas jugé la question, et celle-là était trop mauvaise, Caliste, pour faire école.

— Alors, vous me conseillez d'espérer...

— D'espérer, quoi?

— Le pardon de votre père.

— Mon père n'a pas vu la pièce dont vous parlez; il ne va jamais qu'à l'Opéra-Comique, théâtre moral, où l'on s'épouse toujours.

— Ne riez pas. Parlez franchement.

— Ne fussiez-vous pas la plus respectable et la meilleure des femmes, princesse, mon père vous accepterait et vous aimerait encore à cause de moi. Mais il est ombrageux, comme tous les vieillards. Il ne vous a pas choisie; il en avait peut-être choisi une autre.

— Voilà deux fois qu'il me reproduit cette pensée, se dit Caliste.

— Et, partant de là, continua Armand sans remarquer l'inquiétude de sa compagne, il est possible que mon père fronce un peu le sourcil, sous prétexte que notre réunion ne se ferait pas sans quelque scandale.

— Ami!... oh!... si vous avez à souffrir j'aimerais mieux...

— Quoi! dit-il avec un clair regard. Quelle est cette parole? pensez-vous qu'il soit nécessaire de me pousser à la résolution par l'artifice du refus?... Caliste, je joue franc jeu, faites de même. N'espérez pas que le public, devant qui nous sommes acteurs, pour le moment, n'espérez pas, dis-je, que la société, toujours hargneuse avec les gens blessés, va nous dresser des arcs de triomphe, à vous, pour m'avoir écrit des lettres, qui ont fait mourir votre mari, — oh! pas d'illusion, voilà la vérité nue; — à moi, pour vous avoir enlevée sur le corps de M. de Würgen, car c'est ainsi que toute notre histoire va se raconter. Vous serez une dame très-hardie dans ses goûts, je serai un don Juan très-fort à l'épée, qui termine en héros de roman son aventure. Bah! Caliste, quand le monde vous verra belle, irréprochable, et vous saura libre et riche; quand ce même monde saura que je tue les officiers de cavalerie, on nous évitera bien un peu d'abord, mais pour mieux nous considérer de loin. On nous trouvera bonne tournure. On verra dans notre voiture, dans notre logis, près de vos beaux cheveux, les cheveux blancs de mon père; on lira sur nos traits la douce satisfaction de notre mutuel bonheur. Peu à peu on se rapprochera; des amis très-braves auront commencé à faire la chaîne autour de nous, pour verser à seaux sur nos crimes le pardon et l'oubli : d'autres, très-généreux aussi, se feront amener. Nous choisirons toujours les bons, les purs : nous chasserons impitoyablement les amis de deuxième qualité, les parasites. Petit à petit, notre escorte grossira. Qu'elle suffise à défrayer vos soirées de causerie, à vous montrer accompagnée aux yeux de vos domestiques, c'en est assez. Nous voyagerons beaucoup, et Dieu fera le reste.

Caliste poussa un profond soupir, dont profita Armand pour exhaler la bouffée amère qu'une improvisation si brillante, si bruyante surtout, n'avait pu dépenser tout entière.

— Si vous ne regrettez rien, dit-elle, que regretterais-je, moi, qui me considérais comme morte !

— Avec vous, quel regret possible ? répondit-il.

L'entretien finit là. On arrivait à une ville où les voyageurs prirent un peu de repos et organisèrent la fin du voyage.

Il fut arrêté qu'on resterait dans les possessions de l'Autriche. On gagnerait par les chemins de fer, la Lombardie, où mille séjours adorables s'offrent au choix. Le plus riant et le plus isolé serait le préféré.

Armand avait désigné l'un de ces délicieux endroits qui, d'Arona au lac de Côme, région peu fréquentée, dorment dans les vallons creusés autour des lacs de Quadrigiate, de Lugano, de Varèse : oasis dépeuplées, sur lesquelles s'arrête avec délices l'œil du voyageur qui passe. Là, pas de curieux ; c'est trop simple pour attirer la foule. De vieux arbres, des eaux bleues, des masures cachées sous les vignes, pas d'accidents, pas de convulsions volcaniques, peu d'horizons ; c'est une perspective qui ne vaut pas l'or qu'on jette si volontiers aux lacs grands seigneurs de Suisse ou d'Italie.

Mais Caliste répliqua qu'elle craignait les fièvres, et qu'elle ne voulait pas mourir à présent que son bonheur était assuré.

Il restait le Verbano, — le Majeur, — splendide océan bordé des plus beaux pics des Alpes. Mais Caliste prétendit qu'il était trop grand et trop mélancolique : elle voulait un peu de mouvement dans la solitude, elle voulait voir passer du monde, et ne haïssait pas dans un paysage les élégants uniformes du Croate ou de l'Autrichien pur ; elle dit à Armand que le lac Majeur avait deux rives : l'une autrichienne, l'autre piémontaise; que ces deux rives-là se faisaient de trop grosses dents, comme Belgrade et Semlin des *Orientales*. Elle ne voulait voir ni les canons d'Arona et l'affreuse statue de Charles Borromée des uns, ni les canons et les casernes d'Angera des autres. Pallanza, Intra, mauvaises bourgades sans ressources, lui gâtaient l'Isola-Madre et l'Isola-Bella. Les cinq ou six Anglais qui habitent Belgirate lui gâtaient le plus charmant rivage du lac Majeur.

— Allons à Como, dit-elle. Le lac est étroit et gai comme le lac d'Enghien. Toujours des maisons sur la colline, toujours des gens qui rient, chantent, mangent ou boivent, et filent en bateaux comme des amoureux du temps de Boccace. Et puis, ce Lario était adoré de Virgile. J'ai des idées sur le lac de Côme.

—Prenez garde, lui dit Armand ; on prétend qu'il fait la passion de toutes les femmes veuves ou séparées de leur mari.

— On prétendra ce qu'on voudra, dit Caliste. Si c'est vrai pour les autres, en quoi me fâcherais-je que ce soit vrai pour moi ? J'étais une femme séparée de mon mari, je suis une veuve. Et puis, j'y pense, Armand, cher Armand, si c'est vrai aujourd'hui, ce sera faux dans dix mois, puisque, dans dix mois, je serai une femme mariée.

Il ne répondit qu'en baisant la main qu'elle lui offrait.

Peu de jours après, ils descendaient à Côme, hôtel de l'Ange.

XXXIV

Une fois tranquille, c'est-à-dire débarrassé des premières difficultés d'une situation dangereuse, Armand mesura l'éloignement qui le séparait du beau rêve d'où Caliste l'avait réveillé. Par cela même qu'il avait pris un parti, donné sa parole, et que cette parole était sacrée, il se croyait le droit de rompre avec Lucienne en ménageant chez cette jeune fille ses délicatesses, en donnant l'essor à ses regrets; il ne voulait pas que Mlle Dampmesnil pût concevoir pour lui du mépris ou de la haine. Une explication sincère, la révélation des circonstances impérieuses auxquelles il cédait, devaient, selon lui, plaider sa cause dans un cœur rempli de nobles sentiments. Lucienne, pensait-il, pardonnerait à son fiancé d'agir en honnête homme; elle le plaindrait; elle lui conserverait une amitié tendre.

Parfois aussi, se disait Armand, le hasard nous rapprochera dans ce monde, où elle est appelée à briller. Elle me verra humble de fortune, triste de cœur. Sa grande âme continuera de planer sur ma vie. L'amour qu'elle m'a inspiré croîtra, je le sens, par la séparation même, et comme elle se mariera, comme je la perdrai tout à fait, j'aurai à subir de tels chocs, à dévorer de tels chagrins, que je n'y résisterai pas longtemps. Voilà le terme.

De son côté, Caliste, ignorant ces tempêtes, avait repris l'amour de la vie. Elle chassait de sa pensée tout ce qui pouvait la distraire de son bonheur. Vivre libre, serrer la main d'Armand, marcher fièrement à ses côtés, se faire adorer, l'adorer elle-même, employer toutes les ressources de son esprit, de son âme à le rendre heureux, telle était sa préoccupation incessante, elle y dépensait l'activité dévorante de son imagination splendide. Quand elle cherchait à deviner quels nuages pourraient éclore dans son ciel, rien ne parvenait à l'inquiéter. Armand m'aime-t-il ? Oui, eh bien ! égale que je suis aux femmes les plus parfaites, je leur deviens supérieure par le fait seul de son amour.

Les deux fugitifs étaient donc arrivés à Côme, petite ville charmante, gaie, malgré les Autrichiens, et qui, à l'abri des vents froids, sous l'immense bouclier de ses coteaux granitiques, charme généralement les voyageurs par sa mine avenante et la courtoisie de ses habitants.

Mais la princesse trouva dès le premier jour les deux défauts de Côme :

Le premier, c'est que la ville a peu d'air, point de vue ; le second, c'est qu'on y vient pour voir le lac de Côme, et qu'on ne l'y trouve pas, quelque effort que l'on fasse.

Le lac, pour Côme, est une sorte d'abreuvoir enfermé entre deux murailles et encombré de bateaux, sous lesquels disparaît le peu d'eau qu'on eût pu désirer dans cet abreuvoir. Pour voir le lac, il faut s'embarquer, aller loin, et encore aperçoit-on bien peu de chose. Se promener au bord du lac est une fiction, il n'y a pas de chemin. La promenade se réduit, dans Côme, au parcours des rues : c'est monotone, Caliste fut bientôt dégoûtée.

Elle se mit en quête d'une habitation sur le lac même, c'est-à-dire le long de ces deux montagnes verdoyantes qui l'encaissent, depuis Côme jusqu'à Bellaggio.

Là, comme des chinoiseries sur un gradin, s'étalent les villas superposées, groupées parmi les arbres. On peut les compter en passant sur le lac ; plusieurs étaient à louer ou à vendre à ce moment de la belle saison. Elles ne plurent point à Caliste, qui, malgré son amour des vues gaies, haïssait mortellement les contacts, les fréquentations, et ces servitudes de campagne qui nouent forcément des voisinages.

D'ailleurs, depuis qu'elle était heureuse, elle s'effarouchait moins d'une perspective sévère. Son esprit reprenait dans le calme les côtés distingués, virils, qui le caractérisaient au suprême degré. L'horreur du petit, du mesquin, la sainte admiration pour les chefs-d'œuvre de Dieu revenaient peu à peu dans son âme, hôtes effrayés qu'avait dispersés la grande catastrophe.

Caliste remonta le lac jusqu'à la pointe de Bellaggio. Là il s'élargit ; c'est une mer. Plus de coteaux côniques diaprés de maisons blanches, plus d'écho d'une rive à l'autre, plus de pianos qui vont agacer, comme dans une rue de Paris, les habitants d'en face. Le lac majestueux fuit vers la droite et vers la gauche, absorbant dans son immensité les proportions mignonnes des hameaux bâtis sur ses rivages. Les monticules, fièrement campés sur des plans inégaux ou dans des attitudes pittoresques, sont noyés de ciel et d'eau. A gauche, les montagnes resplendissant au soleil couchant; au fond encore, mais à perte de vue, les montagnes d'argent et de lapis-lazuli zébrées de bandes brunes. C'est un splendide spectacle aux jours de tempête, alors que le Lario se courrouce, qu'une brume grise estompe les horizons, et qu'on voit, par ses déchirures, surgir les pics de montagnes, pareils à des gardiens réveillés pour empêcher les débordements du lac.

Mais ces jours de colère sont assez rares. Le plus souvent, un radieux soleil échauffe le ciel bleu. Les masses d'arbres et de verdure s'inondent de lumière; la nappe immense du Lario dort sans un pli sous cette coupole qui s'y réfléchit. C'est alors, que le voyageur, bercé dans le petit bateau qui marche pareil à un cygne, aime et désire aux bords du lac qu'il rase, chaque maison, chaque groupe de verdure, chaque campanile de village dont l'aiguille blanchissante ne dépasse jamais la colline au pied de laquelle il est bâti.

Caliste se décida pour Varenna, sur la rive orientale. Elle loua, pour l'année de son veuvage, une maison et un immense jardin. Cette maison, déjà garnie d'un de ces mobiliers italiens qui nous font rire d'abord, et auxquels on s'habitue si bien et si vite, la princesse acheva d'en faire un paradis, après deux visites au meilleur tapissier de Como.

Il était décidé qu'Armand partirait vers la fin du mois, dans une quinzaine, pour aller embrasser son père, et préparer ses amis de Paris à la grande nouvelle. Tel avait été le premier plan. Mais peu à peu les idées d'Armand changèrent, sa mélancolie redoubla d'intensité. L'amour très-chaste, mais très-vigilant de Caliste, une certaine surveillance bien dissimulée, mais devinée par Armand, firent craindre au jeune homme que son absence ne devînt le prétexte de quelqu'une de ces folies comme la princesse savait les faire. Lettres surprises, visite imprévue, indiscrétion de quelque ami bavard de bonne foi, il n'en fallait pas plus à la pénétrante Caliste pour découvrir la vérité, et Armand qui connaissait ce cœur jaloux, cette âme susceptible, ne voulait pas qu'elle apprît rien avant son mariage.

Bien plus, il s'était interrogé lui-même; il avait sondé ses forces. L'homme, que le premier mot de Caliste avait autrefois enlevé à Lucienne, se croyait-il assez sûr de lui pour affronter Paris, c'est-à-dire Lucienne éprise, audacieuse, véhémente dans ses volontés? Ne lui ferait-on pas, dans une explication verbale, cent objections irréfutables, ne l'assiégerait-on pas dans ce fort trahi par l'assiégé lui-même, ne lui enverrait-on pas parents, amis, fiancée pour l'amener à capituler?

Une femme aimée devrait succomber sous de pareilles attaques, comment y résisterait celle qui ne l'était plus! Armand frémit. Il connaissait les perfidies de l'absence, il redoutait quelque surprise, il savait que si Caliste ne pouvait se marier avant les dix mois voulus par la loi, Lucienne, elle, pouvait devenir

Mme de Bierges en huit jours. Et alors où serait l'honneur? où serait le devoir? qui ressusciterait Caliste foudroyée par cette épouvantable nouvelle?

Non, le seul moyen de vivre honnête, c'était de rester à Varenna, de s'y cacher, de rompre sur-le-champ, sans miséricorde, sans transaction possible, avec Lucienne, et de supplier Dieu qu'il fît passer ces dix mois comme dix jours, en éloignant les tentations et les incidents.

Armand eut un premier tort: avec Caliste, c'était imprudent. Il lui annonça qu'il n'irait point à Paris et resterait près d'elle. D'abord, la princesse s'en réjouit et le remercia. Mais comme il n'avait pu, si habile qu'il crut être, cacher tout à fait son trouble d'âme, elle se demanda pourquoi Armand reculait devant une démarche aussi naturelle, aussi obligatoire; ne pas aller rassurer son père? ne pas l'instruire, comme c'était convenu, comme il l'avait lui-même jugé indispensable? Pourquoi cette déviation d'idées, alors que la ligne droite était si logiquement bonne à suivre?

De la surprise au soupçon, une femme comme Caliste n'a qu'un pas à faire, un seul bond. Elle le fit. Quand elle sut qu'il n'irait pas à Paris, qu'il préférait écrire, elle se défia.

Quand elle vit qu'il se cachait pour écrire et qu'il évitait avec soin de lui communiquer la lettre — lettre si importante pour elle — qu'il voulait envoyer à son père, elle eut peur. Cependant tout cela se passait entre deux sourires. Caliste avait pris définitivement sa résolution.

Armand, confirmé dans la sienne par les agitations que soulevaient en lui le souvenir de Lucienne et la conscience de sa faiblesse, redoublait de dissimulation à mesure que Caliste redoublait de surveillance. Il la croyait dupe. Elle l'était réellement en ceci, que sa seule inquiétude était de savoir l'opinion d'Armand sur elle, et la façon dont il annoncerait son mariage à M. de Bierges.

Une femme qui aime et qui soupçonne, tient toujours, dans ses doigts sensibles, chaque fil correspondant aux actions de son amant. Celui-ci se réfugie en vain dans sa pensée qu'il croit impénétrable : comme toute pensée suscite nécessairement un mouvement, le fil frémit, le doigt correspondant tressaille ; la jalousie est avertie, elle observe, elle apprend.

Armand devait aller déjeuner avec Caliste de l'autre côté du lac, à Menaggio. On mange là des coquillages particuliers, de la crème incomparable et certains *salcissonni* qui, arrosés d'un petit vin blanc qu'on mêle à de l'eau de Seltz naturelle, composent un repas exquis.

Caliste avait fait tous ses préparatifs sans rien dire, selon son habitude, et sa toilette était prête, quand Armand, qui ne pensait déjà plus aux coquilles et aux feuilles roses du salcissone, lui annonça qu'il resterait dans sa chambre pour *en finir* avec cette lettre filiale, qui l'ennuyait fort à rédiger, dit-il en riant afin de bien tranquilliser Caliste.

Mais ce fut le contraire. Il l'épouvanta.

— Très-bien, répliqua-t-elle en riant comme lui.

Et tout bas elle se promit de savoir ce qu'il écrirait.

Armand, dont le cœur et la tête bouillonnaient depuis deux jours sous la pression des idées qui le dévoraient, avait résolu d'en finir et d'envoyer tout son cœur à Lucienne dans un suprême et irrévocable adieu.

Pour être plus libre, plus seul avec elle dans cette dernière étreinte de leurs âmes, il s'enferma chez lui. Sa tête éclatait; il se promena une heure les mains crispées sur son front, afin de concentrer sa force, sa raison, et de ne pas écrire une lettre d'amour au lieu d'une lettre de rupture.

Enfin, brisé comme il cherchait à l'être, il s'assit devant la fenêtre, ce lac immense sous les yeux, ce ciel infini sur la tête, deux océans aux gouffres moins profonds que sa douleur.

« Lucienne, écrivit-il, je vous aime et je vous fuis. Avant vous j'ai connu, j'ai aimé une femme pleine de grâce et de bonté qui n'était pas libre et l'est devenue tout à coup. Vous la connaîtrez plus tard, puisque je l'épouserai, moi, votre fiancé, votre mari de cœur et d'âme; mais non, connaissez-la tout de suite, achevez de lire mon secret. Les circonstances au milieu desquelles j'ai retrouvé Mme la princesse Novratzin ne me permettent pas seulement d'hésiter. Elle est devenue pauvre de riche qu'elle était, obscure de brillante, blâmée d'irréprochable, malheureuse de privilégiée entre toutes les femmes. Mais comme toute cette infortune est mon ouvrage, oh! Lucienne, l'ouvrage de ma misérable destinée, comme la princesse n'a plus que moi au monde pour ne pas désespérer, pour ne pas mourir, je me rends à elle, dussé-je, moi, tomber dans le désespoir et y trouver la mort.

» Je ne vous demande pas votre approbation. Je sais qu'en agissant autrement j'encourrais votre mépris. Mais je vous supplie de me plaindre, et j'espère que vous le ferez, vous, la seule qui puissiez comprendre l'étendue de la perte et du sacrifice, car vous m'aimez, Lucienne; car vous m'aviez voulu attendre, car vous m'attendriez encore, si je ne me jetais à vos pieds pour vous conjurer de m'oublier à jamais.

» Me voilà bien perdu pour vous. Qui sait si nous nous reverrons en ce monde? Tout va vous entraîner dans un sens opposé. Étrange obstination du sort! Une fois j'avais effleuré votre main, un obstacle nous a séparés. L'amour nous saisit, il nous rassemble encore, et le même obstacle, surgissant de nouveau, nous éloigne cette fois sans ressources, sans espoir!

» Je vous le jure, Lucienne, j'en atteste Dieu, qui voit mon cœur. Je n'ai pas cédé à cette voix de l'honneur sans d'affreux combats ; j'ai cherché la mort et ne l'ai pas trouvée ; je la préférais au supplice de vous perdre et surtout de vous refuser ! refuser Lucienne, cet ange ! En vérité, j'en ris de fureur ! Est-ce bien Dieu qui commande la vertu au prix de si stupides sacrifices. Et, lorsque l'homme se plaint, lorsqu'il pleure, Dieu ne détourne-t-il point la tête, en disant : Je t'ai offert le bonheur, pourquoi l'as-tu rejeté ?

» Oh ! que ma souffrance est déchirante. Elle m'emporte à des injustices, à des cruautés. Cette pauvre femme ! je finirais par la maudire ; Lucienne, il ne le faut pas. Elle se croit préférée, elle me croit heureux. Oh ! qu'elle le croie ! que jamais cette confiance sacrée ne s'altère en son cœur ; que seul je porte le poids de l'expiation ; qu'elle vive dans le calme, après tant d'orages ! Pour cela, Lucienne adorée, il ne faut pas que jamais votre image m'apparaisse ; il ne faut pas qu'un souvenir de vous passe entre elle et moi, car si vous n'étiez pas généreuse, si vous me disiez que vous me regrettez, que vous ne consentez pas à me perdre, la torture de ma vie se trahirait et envahirait bientôt la vie de ma compagne. Il n'y a pas en moi de solide résolution contre votre amour. Voilà pourquoi je reste éloigné de vous, pourquoi je me cache ; je tremble à l'idée que vous êtes vivante et que vous pourriez m'apparaître. Le bruit de vos pas me ferait mourir.

» Soyez l'âme intrépide, soyez la noble inspiration

de ma vie; guidez-moi, malgré moi-même, dans ce rude sentier où mes pieds se rebutent dès le premier pas. De vous dépend mon honneur; à vous je confie l'existence d'une femme noble comme vous, bonne comme vous, d'une amie incomparable, que j'adorerais, faut-il le dire, si j'étais séparé d'elle à jamais. Oh! Lucienne, l'étrange pensée! comme elle est terrible et comme elle est vraie! oui, j'aimerais Caliste si elle n'était plus là, si elle ne m'avait pas séparé de vous. Que devenir, si vous n'avez pas de courage! Mais je vous vois, je vous devine. Il me semble apercevoir le trouble de vos yeux stoïques, j'entends votre premier soupir, je vois tomber cette lettre de vos mains.

» Rassurez-vous; assez d'autres bonheurs vous attendent. Moi, je me courbe sous cet ouragan. Soyez ingrate, oubliez-moi. Mon seul vœu c'est que vous détourniez dédaigneusement la tête, c'est que vous haussiez les épaules en m'appelant lâche et insensé.

» Rappelez-vous ce que je vous ai dit aux premiers jours de notre amour si doux : celui qui passe près de vous et ne recueille point cette perle, celui-là est un fou. Pensais-je alors que la destinée m'entraînerait si loin que, moi-même, je la dusse écraser du pied, cette perle incomparable qui était venue tomber dans ma main.

» Lucienne, plus tard, si je vous rencontre, n'ayez dans le regard aucune indignation, n'ayez non plus aucune indifférence. Votre amitié seule, amitié affable et sans détour, me prouvera que la générosité n'est pas un vain mot sur la terre. Mais, que dis-je ? vous allez vivre dans la sphère brillante où vous appellent votre beauté, votre immense fortune. Moi pauvre, cherchant l'obscurité favorable à ma misère, je ne pourrais vous rencontrer jamais. D'ailleurs, vous me fuiriez, vous auriez raison. Le malheur est contagieux. Et puis, je vous le dis, sans mélancolie de vaudeville, Lucienne, c'est fait de moi, je succombe sous mon dévouement. Chaque heure qui fuit, a passé si lourde que je m'en trouve écrasé. Plus on me sourit, plus on me flatte, plus je sens l'importance du sacrifice que j'ai fait. C'est un sentiment vulgaire, mais je suis un homme des plus vulgaires, vivant des joies et souffrant des misères de la plus simple humanité.

» Donc, je vous le répète, je suis perdu. Le sombre rideau tiré entre vous et moi m'abrutit, m'aveugle. Mes idées ne le franchissent pas, et je vivais beaucoup par les idées. Il y a donc, je le sens pour la première fois une limite bien dessinée à ma vie. Chaque jour cette limite se rapprochera d'une année. Je ne vivrai pas vieux, Lucienne, un serpent me ronge le cœur.

» Voilà pourquoi nous ne nous rencontrerons plus.

» Ainsi, adieu, adieu avec toutes les larmes de mon corps, avec tout le sang de mon cœur; adieu à tout ce que j'aime; adieu, je meurs de vous écrire ce mot ; chaque trait de ma plume creuse en moi une blessure mortelle.

» J'épouserai Mme la princesse Novratzin dans huit mois, le 3 avril prochain. Jusque-là, je vous supplie de ne pas m'adresser une ligne ni une parole. Je compte sur votre courage et sur votre honneur. Mais, dans un an, jour pour jour, à la date de cette lettre, envoyez-moi, Lucienne, un souvenir que je puisse serrer dans ma main, sur mon cœur, au moment où je mourrai... Car je mourrai en vous aimant, chère adorée Lucienne, et, bien sûr de ne plus faillir à l'honneur, au devoir, bien sûr d'avoir loyalement payé ma dette à la princesse, j'expirerai en prononçant votre nom. »

Il enferma cette lettre dans celle qu'il écrivait à son père, et ce paquet volumineux étant cacheté à l'adresse de M. de Bierges, il sécha ses yeux, rafraîchit ses joues.

Mais le poëte de Mantoue l'a dit : On ne trompe pas les regards d'une amante.

Caliste, en dînant, lui demanda d'un air dégagé s'il avait enfin rédigé ce terrible billet de part. Il était encore trop ému pour répondre par une plaisanterie. Elle lui proposa de faire remettre la lettre au bateau par le jardinier qui partait pour Côme.

Armand, comme tous les hommes, n'avait pas réfléchi à la seule chose importante — le détail. D'ailleurs, il ne supposait pas que Caliste soupçonnât. Cependant, la voyant tendre la main pour prendre cette lettre, il eut peur tout à coup. Et il avait raison. Mais il était trop tard.

— Je l'ai fait porter à la poste, dit-il, par quelqu'un de la maison.

— Tiens, sans m'en lire ce qui me concerne, répondit Caliste en frémissant.

— Je disais du mal de vous, chère Caliste.

— Ah !... c'est différent.

Et elle effaça toute émotion de son visage.

Mais Armand avait la lettre dans sa poche et se trouvait fort empêché pour la faire porter à la poste ; il prétexta une promenade, afin de la donner secrètement à quelque batelier qui partirait sur-le-champ pour Menaggio.

Sortir seul, au lieu d'emmener Caliste, c'était inévitable, mais maladroit.

Dix minutes après, elle savait qu'il n'avait rien remis à personne de la maison et un quart d'heure après qu'il eut confié cette misérable lettre au batelier rencontré sur le rivage, Caliste la froissait dans ses mains et l'enfermait dans sa poitrine.

XXXV

La maison avait son entrée principale par la rue de Varenna, sorte de chemin rustique qui conduit à

Côme, et dessert, de ce côté du lac, toutes les habitations et tous les villages. Car, nous l'avons dit, le Lario n'a pas de rives, et cette voie de communication est l'unique pour les courriers, les voyageurs et les fournisseurs à cheval ou en voiture. Ce chemin ressemble un peu, pour l'usage, aux petites rues de derrière que possèdent la plupart des grandes maisons de Londres, lesquelles ont leur entrée de service sur cette ruelle, et gardent pour l'orgueil de la façade et la propreté des visiteurs, une maîtresse entrée sur une rue principale quelconque.

Là-bas, la rue principale est le lac. De ce côté sont toutes les vues, toutes les recherches. Là est l'exposition choisie ; on est bien ou mal partagé ; on habite à l'est ou au couchant, on voit le soleil d'Italie monter dans le ciel ou se plonger dans la neige éternelle des géants alpestres ; mais c'est toujours vivre sous le soleil ; c'est toujours trouver Dieu sous sa paupière, soit qu'on le prie en sortant du lit le matin, soit qu'on s'agenouille le soir avant de s'endormir.

Cette maison avait trois pièces immenses au rez-de-chaussée ; vestibule grand comme celui d'un palais où cent courtisans doivent prendre place ; salle de réception convertie en chambre à coucher avec un lit monumental ; autre chambre moins vaste donnant aussi sur le lac.

Tel était l'appartement de la princesse.

Armand logeait au premier étage, dans trois autres chambres plus modestes ; il avait son escalier, son service; il était de plain-pied avec cette rue que nous venons de décrire. Au contraire, l'appartement du rez-de-chaussée plongeait dans le jardin, au niveau duquel n'arrivaient pas encore ses portes; car du côté du Lario, les terrains descendent par une pente d'une telle déclivité, qu'on a dû pratiquer quatre terrasses perpendiculaires les unes aux autres. La première règne sur la rue, elle est vaste, et forme à elle seule un jardin grand comme les trois autres. La deuxième tombe au niveau du premier étage. La troisième plonge au niveau du rez-de-chaussée. Enfin, la quatrième et dernière, qui descend à pic avec le roc, va s'enfoncer jusque dans l'eau du lac, où ses assises baignent à une profondeur que Dieu seul connaît, car seul il a fait la montagne.

Ces terrasses composent le plus splendide jardin que puisse rêver un poëte. Non, rien ne donne à un indigène de Bagnolet ou de Pantin l'idée de jardins pareils. Chaque mur de terrasse est couvert d'un espalier d'orangers et de citrons doux. A cette exposition chaude et féconde, l'oranger porte toujours fruit et fleur à la fois. Les parfums que le soleil en dégage sont enivrants. Quand la brise occidentale vient, fraîche et susurrante, moissonner ces pétales brûlants, la décomposition des essences donne une senteur que l'alambic ne saurait recueillir ni reproduire. Les camélias, les magnolias, les aloès, les cactus y vivent en buissons, en forêts; toutes les fleurs de France s'y changent en géants, les roses valent celles de Pæstum ou de Rhodes. Çà et là, le cyprès s'élance gracieusement oblique et mêle les aromes de son bois brun, les fortes exhalaisons de ses feuillages à tout ce qui respire et embaume au-dessous de lui.

Il y a de grandes allées d'une pente douce, qui vont réunir chaque terrasse à sa voisine. Néanmoins, on a pu éviter les marches au bout de ces pentes; elles sont larges, taillées dans le granit, et chaque hiver humide et doux, exprime de ce bloc un suc frais qui nourrit les lichens et les mousses incrustées là sans épaisseur, comme des broderies, pour dissimuler cette roche nue.

Le promeneur qui descend ces quatre terrasses dans une atmosphère de vie et de lumière, jouit du plus sublime spectacle qu'un œil humain puisse embrasser. A ses pieds il a le lac, auquel on touche en ouvrant une charmante grille du dix-septième siècle, il voit se balancer son bateau sur les degrés du rocher qui plonge dans l'eau bleue. En face, il voit la nappe infinie courir à l'occident, et la rive opposée, qui dort dans une ombre de cobalt, surmontée des bandes vertes de la campagne lombarde, et des dentelures d'or et d'argent des montagnes. Vers le sud, la pointe de Bellagio, promontoire fier et charmant qui divise les deux bras du Lario comme la proue du navire. Aux crêtes de ce cap se pendent les arcades et les jardins de la magnifique villa Sommariva. Enfin, pour cet heureux spectateur, un coup d'œil peut durer une journée, puis la nuit, puis le spectacle recommence toujours nouveau; car avec une seule ombre de nuage qui passe, Dieu varie l'aspect de ces merveilles et les rend neuves soixante fois par seconde, cela pendant l'éternité.

Voilà le paradis qu'avait choisi Caliste. Paradis est le mot. La femme, l'homme en sont les habitants et les maîtres; rien n'y manque, pas même le serpent, car, ceci est le côté faible, hélas! ces larges touffes d'aloès, serres-chaudes de la végétation, sont des nids inviolables où les familles de reptiles vivent une vie patriarcale. Inoffensifs, dit-on — je n'y voudrais pas croire — ils sortent de ces antres creusés sous les palettes robustes du cactus ou de l'aloès, et vont se rafraîchir dans le lac; effrayants amphibies qu'on voit trop souvent s'agiter à peu de profondeur et dessiner leurs spirales et leurs vrilles autour des avirons qui les agacent. Parfois vous approchez de la roche pour embarquer; la roche est diaprée de feux et d'écailles prismatiques, vous admirez ce granit, si riche au soleil, mais au premier mouvement toute la surface tremble et change à vue. Des milliers de frétillements, de bonds et de fuites frémissent et troublent l'eau; le vrai granit apparaît terne et moussu. Il était couvert d'anguilles douteuses qui se chauffaient au soleil et viennent de plonger dans les flots.

Ce cas redhibitoire des lacs italiens, Armand l'avait deviné le second jour de son habitation, et, pour ne pas dégoûter Caliste, qui fût morte de peur, il avait soin de la précéder quand on descendait au bateau. Une baguette à la main, il avertissait de loin les reptiles flâneurs qui rentraient dans leur trou sans trop de commentaires, et Caliste admirait ce splendide jardin au lieu de le prendre en exécration. Pourquoi Armand n'avait-il pas réussi à lui cacher ainsi ce serpent mortel, son secret, caché sous ses sourires?

Après qu'il eut remis sa lettre au batelier dont la discrétion ne lui paraissait pas même douteuse, il rentra. Caliste, lui dit-on, s'était retirée chez elle un peu souffrante de la chaleur. Nerveuse comme l'était la princesse, rien n'était plus naturel après une journée brûlante. Caliste fit dire à son ami qu'elle voulait dormir, qu'elle le priait de ne pas l'attendre à souper. Il obéit et continua dans la solitude ses méditations et ses soupirs.

Le lendemain, de bonne heure, Caliste reparut. Le sommeil, sans doute, et la fraîcheur lui avaient rendu sa souplesse, son égalité d'âme. Une trace bleuâtre, un imperceptible gonflement des paupières, une pâleur plus mate, vestiges de la souffrance, doublaient le feu de son regard et ennoblissaient, s'il est possible, le charme de son sourire.

Elle entra chez Armand, éveillé depuis une heure à peine. Elle prit ses mains qu'elle baisa. Elle s'approcha et l'embrassa lui-même. Ces caresses qu'elle ne lui avait jamais faites depuis leur réunion, car elle affectait la plus scrupuleuse modestie dans sa tendresse et avait déclaré au jeune homme que c'était une femme non une maîtresse qu'elle voulait donner à son mari ; ces douceurs, dis-je, étonnèrent Armand qui l'observa aussitôt, comme pour lui en demander la cause.

Elle ne répondit que par un de ces sourires qui jadis firent déserter le ciel aux anges ; elle était vêtue de blanc, toute mouvante de fines dentelles ; on sentait une certaine recherche dans le soin qu'elle avait pris de chasser son deuil de la vue et du cœur. Elle toucha donc la main d'Armand, lui appuya son bras nu sur l'épaule, et fit, ainsi pressée, ainsi penchée sur sa poitrine, monter le sang et la vie de l'amour, du cœur aux lèvres de son amant. Sa beauté, jamais plus complète, jamais aussi palpitante, le soulèvement de son sein, le feu noyé de ses regards, ses douces paroles, son appel mélodieux à tant de souvenirs charmants, triomphèrent bien vite de ce cœur mal refroidi, au fond duquel vivait, et devait revivre éternellement la passion, au premier désir de l'objet parfait qui l'avait inspirée.

Lorsqu'après une journée si vite et si délicieusement écoulée, elle fut bien sûre d'avoir repris l'empire et le prestige, lorsqu'elle eut rassasié son âme par un incessant regard qui buvait l'âme d'Armand, lorsqu'elle ne put douter que, de toutes ces heures, pas une minute n'avait été dérobée à elle pour quelque autre souvenir, Caliste, sans quitter sa main, sans quitter ses yeux, ni pendant le repas, ni pendant la promenade, lui demanda de faire un tour sur le lac pour achever la soirée.

Il consentit avec joie; il était sous le charme. Elle rentra chez elle un moment, tandis qu'il faisait préparer le bateau. Il ne pouvait la perdre de vue, car allant et venant, elle se montrait aux fenêtres de sa chambre, l'appelant sans cesse et prononçant son nom pendant qu'il n'était pas là.

Elle accourut radieuse et adorable, mit la clef de son appartement dans la poche d'Armand, pour s'en débarrasser, disait-elle, et alors elle lui prit le bras. Elle portait sur son bras un long burnous de laine grise à glands de soie blanche. Il prit ce burnous et soutint doucement son amie, pour la faire entrer dans le bateau.

Ces bateaux destinés à la navigation du lac sont longs, plats et larges. Une tente de toile blanche, arrondie sur des cercles de châtaignier, sépare les maîtres du rameur, qui, le dos tourné, fait mouvoir sa rame à large spatule, jusqu'à ce qu'il ait atteint le point sur lequel on lui a commandé de se diriger. Là, les promeneurs s'arrêtent, on boit l'air pur, on regarde briller les étoiles, on cherche Dieu sous son rempart d'azur, et le bateau, un moment négligé, va mollement à la dérive sous l'influence de quelque timide courant ou d'une brise complaisante qui accorde trêve au rameur. Ordinairement ce dernier, paresseux et dormeur comme tout bon italien, se couche sur la levée de son bateau, met ses bras sur ses yeux et s'endort.

Caliste s'était assise sur la levée de poupe, Armand sous la toile blanche. Une langueur voluptueuse, une délicieuse fatigue les accablaient; ils se regardaient sans parler. Caliste laissa tomber le long du bateau les plis de sa robe, et sous sa robe flottante ses pieds d'albâtre qu'elle se réjouissait de faire caresser par l'eau tiédie. Elle se mit à chanter, tandis que le bateau marchait. Elle chantait en regardant Armand, qui s'enivrait de la voir et de l'entendre. C'étaient toutes les chansons de son pays, mélodies naïves, amoureuses, d'un rhythme et d'une mélopée qui résonnaient bizarrement dans cette nuit, sur ces ondes. On eût dit qu'elle repassait chaque sentiment, chaque souvenir de sa vie, et que, tous ces souvenirs, elle les sacrifiait un à un à Armand. Il finit par se rapprocher d'elle. Vaincu par cette enchanteresse, il la supplia de ne point se refroidir, car l'eau devenait fraîche sous la brise; il la supplia de ne plus chanter, et pour la forcer d'obéir, il ferma ses lèvres d'un baiser. Ce baiser fit trembler Caliste, elle poussa un soupir mal étouffé, son cœur battit si fort qu'Armand lui demanda si elle n'éprouvait pas quelque souffrance.

Elle ne lui répondit qu'en lui prenant la tête à deux mains pour la poser sur ses genoux. Lui trouva ses mains glacées; alors il se releva, l'enveloppa tout entière dans le grand burnous et la ploya mollement sur la levée du bateau, comme un enfant qu'on veut bercer pour l'endormir.

La nuit était splendidement illuminée. Des millions d'étoiles constellaient le miroir de l'eau. On entendait au loin des murmures pleins d'harmonie. Cependant le bateau avançait insensiblement vers le milieu du lac.

Du fond de son manteau où elle était ensevelie, Caliste continua de chanter tout bas une complainte monotone de l'Ukraine. Armand s'étendit au-dessous d'elle et chercha un appui pour sa tête, que par degrés le sommeil appesantissait. Elle lui donna les plis épais du burnous qui excédait ses pieds. Puis se soulevant sur un coude et l'observant avec d'étranges angoisses, elle sembla attendre qu'il fermât les yeux. Onze heures sonnèrent aux campaniles de Fiumelate et de Varenna. Armand murmura :

— Onze heures.

Et il s'endormit.

Aussitôt, la pâleur du tombeau envahit les joues de la princesse, l'éclair s'éteignit soudainement dans ses yeux, qui s'élevèrent pour implorer la miséricorde divine.

. . . .

Une voix réveilla Armand. C'était celle du batelier qui, soulevant le rideau de son côté, s'informait s'il devait continuer la promenade ou retourner à la maison.

— Quelle heure est-il donc? demanda Armand.

— Une heure et demie, monsieur.

— Parle plus bas, madame dort.

Armand voyait le grand burnous étendu sur la levée; il croyait entendre s'en exhaler le léger souffle de son amie.

— Mais, pensa-t-il sur-le-champ, il est malsain de dormir ainsi sous ce ciel froid. Allons, réveillez-vous Caliste; debout, dormeuse! vous devez être glacée

Rien ne répondit. Il secoua les plis du manteau : l'étoffe céda sans résistance et vint se ranger sous sa main... Le manteau était vide !

Armand poussa un cri de surprise ; il chercha sous la tente, sous la levée, il chercha près du batelier ; rien!

Une sueur d'horreur parcourut son corps. Il appela Caliste, il appela encore... Rien ne répondit.

La nappe d'eau était infinie, calme et sourde comme le ciel.

Les cris d'Armand et son angoisse déchirante épouvantèrent le batelier, qui chercha, qui cria aussi. Armand se tut. On vit alors un navrant spectacle, celui d'un homme aux prises avec cet effrayant désespoir.

— Caliste !... répétait-il en s'arrachant les cheveux Caliste! Caliste!...

Un écho gronda sourdement. Qui sait? celui de l'éternité peut-être !

Quand le batelier vit Armand tomber à genoux, frapper l'eau du lac, et creuser à coups d'ongle les planches du bateau, il fut pris d'une immense pitié;

il entreprit de consoler son maître. Il lui suggéra l'idée que peut-être, pendant leur sommeil à tous deux, un autre bateau les avait accostés sans qu'ils s'en aperçussent, que la princesse était entrée dans ce bateau pour faire un peu chercher Armand, par plaisanterie.

Par plaisanterie, grand Dieu ! cette énormité toucha pourtant le but ; Armand s'y rattacha pourtant, à cette monstrueuse espérance.

—Vite ! dit-il haletant, vite, ami Jeppo, à la maison ! à la maison ! Oui, Caliste a monté dans un autre bateau, oui, elle a voulu éprouver ma tendresse ! Oh ! comme elle va voir que je l'aime ! Oh ! comme je t'aime, Caliste ! Vite, Jeppo ! vite !

Et il se mit à sourire, et il tendit les bras au ciel. Est-ce qu'il brillerait d'étoiles, ce firmament de Dieu, s'il avait vu mourir Caliste ! Et il bénit le lac en le priant de porter légèrement la barque. Est-ce qu'il dormirait ainsi ce lac, s'il avait englouti tant de génie, de douceur et d'amour?

Jeppo, courbé sur sa rame, faisait voler la lourde embarcation. On arriva. Armand courut, monta. Personne. Sans doute Caliste s'était enfermée dans sa chambre, où l'on voyait briller une lumière. Il frappa. Mais non, la clef de cette chambre, Caliste la lui avait donnée en partant. Il la prit avec terreur, elle glaçait ses doigts, il ouvrit. La chambre était déserte, une bougie achevait de brûler sur la table près d'une lettre décachetée.

Armand saisit ce papier, c'était sa lettre à Lucienne.

Il voulut la rapprocher de ses yeux pour la relire, pour y croire ; mais il perdit connaissance et roula inanimé sur le parquet.

Caliste avait écrit au bas de cette lettre :

« Mademoiselle,

» Armand m'a payé sa dette. Je viens de lui payer la mienne. Il est libre. Donnez-lui tout le bonheur qu'il mérite. Maintenant je suis sûre qu'il m'aimera toujours.

» CALISTE, princesse Novratzin. »

ÉMILE COLIN. — IMPRIMERIE DE LAGNY.

www.ingramcontent.com/pod-product-compliance
Lightning Source LLC
Chambersburg PA
CBHW070533160426
43199CB00014B/2252